AF198319

Ralf T. Hoffmann

GO!

Gedanken für jeden Tag.

IMPRESSUM

1. Auflage/2015
© Ralf T. Hoffmann
Verlag: Tredition, Hamburg, www.tredition.de
Lektorat: Ilke Ettemeyer
Umschlaggestaltung: Ralf T. Hoffmann
Fotos: Fey Sunshine

Übersetzung der englischen Musiktexte ins Deutsche
von Michelle Marie Gerling.

Kursiv geschriebene Zeilen im Buch sind Anmerkungen des Autors
oder Stellen, die damit besonders hervorgehoben werden sollen.

Zu manchen Geschichten oder Sprüchen konnte leider kein
Urheber/Verfasser gefunden werden. Hinweise hierzu sind
willkommen!

WEB:
www.ralf-theo-hoffmann.de
go@ralf-theo-hoffmann.de
www.lcc-seminare.de

ISBN:
978-3-7323-6379-7 (Paperback)
978-3-7323-6380-3 (Hardcover)
978-3-7323-6381-0 (e-Book)

Für
Melina und Jannis

Ich liebe euch und es ist unglaublich schön, dass es euch gibt.
Ihr seid mein größtes Geschenk.
Danke.

Widmung

Da gibt es ganz besondere Menschen, die, wenn man sie trifft, einen mit unglaublich viel Liebe erfüllen. Diese Menschen, die LCC-Community, rocken mein Herz und meine Seele. Wer dieses ganz besondere Gefühl noch nicht erlebt hat, hat etwas verpasst in seinem Leben. Jedes Zusammentreffen ist wie ein großes Familienfest und man freut sich schon mit Spannung wieder auf das nächste Mal. Es ist eine ganz besondere Familie. Und jedes neue Mitglied dieser Familie wird mit gleicher Liebe aufgenommen. Dabei ist es völlig egal, wie alt du bist, wo du herkommst, wer du bist, welche Religion du hast oder was du machst. Hier kannst du du selbst sein. Alle verfolgen das gleiche Ziel: Die Welt ein kleines bisschen glücklicher zu machen und, ganz nebenbei, sich selber stärker, zufriedener und erfolgreicher; aber immer so, wie es jeder für sich selbst bestimmt, denn du bist Schöpfer deines Lebens. Und weil es manchmal einen kleinen Anstupser braucht, um in den Tag zu kommen, ist diesen ganz besonderen Menschen dieses Buch gewidmet. Ich hatte Lust es zu schreiben, um etwas an euch zurückzugeben und somit Sprüche, Sinnsucherverse, kleine Geschichten, Aphorismen, Parabeln, was zum Schmunzeln und Nachdenken, von anderen und mir, zusammenzutragen. Lasst euch einfach davon inspirieren. Damit es für euch jeden Tag weiter geht als je zuvor.

Viel Spaß damit. GO!

Euer
Ralf T. Hoffmann

Wiesbaden, im Oktober 2015

Vorwort

Gibt kein Vorwort. Geht sofort los!

Entweder weiter wie bisher oder weiter als je zuvor.

Na gut – gibt doch eins.
von
Ewald Schober

Für mich ist das Leben spannend und aufregend.

Da erlebt man zum Beispiel eine Situation, die gar nicht nach Sensation riecht, und dann entsteht daraus etwas Großes wie Freundschaften, Geschäfte, Erkenntnisse, Mitstreiter, Unterstützer und Visionen. Oder man lernt jemanden kennen, schenkt jedoch der Begegnung keine übermäßige Aufmerksamkeit und irgendwann stellt man fest: Dieser Mensch ist ein wichtiger Teil in deinem Leben geworden.

So war es bei meiner Begegnung mit Ralf. Da ich jedoch weiß, dass große Dinge oft einen kleinen Ursprung haben, erkannte ich, als ich auf dem Day-of-Change in seine Augen blickte, sofort: „Es ist kein Zufall, dass du heute hier bist."

Ein paar Monate sind seitdem vergangen und heute darf ich das Vorwort für sein herausragendes Werk schreiben, das Werk eines Visionärs, Menschenhelfers, Coaches und Forschers und eines ganz lieben Menschen, der mich als seinen Freund bezeichnet, worauf ich besonders stolz bin.

Die Tagessprüche stammen von Ralf selbst und von anderen – bekannten und unbekannten - Menschen, die mit beiden Füßen im Leben stehen und mit ihren Worten sich und anderen helfen, ein glücklicheres und erfolgreicheres Leben zu führen. Sie haben auch Ralf in das selbst bestimmte Leben geführt, das er heute lebt, und ich bin sicher, dass sie auch vielen anderen den Weg in ein solches Leben weisen werden.

Wir Menschen sind so stark in dem Paradigma von Tun-Haben-Sein gefangen, dass wir vor lauter Tun nicht dazu kommen unser Sein zu bestimmen.

Nimm dir deshalb diese täglichen paar Minuten Zeit für dich selbst und lass dich in eine ganz neue Welt führen. Die Welt, die du erschaffst. Deine Welt!

Ewald Schober

Das Jahr beginnt.
Du bist frei, es nach deinen Vorstellungen zu gestalten.

1. Januar

Heute ist es Zeit ein altes Buch zu schließen. Es bringt nichts, immer und immer wieder über jedes einzelne Kapitel nachzudenken. Sie ändern sich nicht, sie bleiben, wie sie sind. Heute ist auch der Tag, an dem du eine neue Geschichte beginnen kannst. Denn alles ist offen und nur du kannst bestimmen, wie diese Geschichte, wie dieses neue Buch ausgeht.

Ralf T. Hoffmann

2. Januar

Wenn nicht jetzt, wann dann? Wenn nicht hier, sag mir wo und wann!? ...

Die Höhner

3. Januar

... wenn nicht du, wer sonst? Es wird Zeit, nimm dein Glück selbst in die Hand!

Die Höhner

4. Januar

Es gibt viel zu verlier 'n, du kannst nur gewinnen, genug ist zu wenig, oder es wird so, wie es war. Stillstand ist der Tod, geh' voran, bleibt alles anders, der erste Stein fällt aus der Mauer, der Durchbruch ist nah.

Herbert Grönemeyer, Bleibt alles anders
aus dem Album Bleibt alles anders

5. Januar

Siegen ist nicht alles. Es ist das Einzige!

wurde Vincent Thomas „Vince" Lombardi zugeschrieben

6. Januar

Wenn du zweifelst, dann frage dich stets: Was würde die Liebe tun?

Verfasser unbekannt

7. Januar

Was immer es ist?! Tue es heute.

Ralf T. Hoffmann

8. Januar

Alles, was du glaubst ist richtig. Denn nur du schaffst dir deine eigene Realität.

Ralf T. Hoffmann

9. Januar

Wahrheit oder Fiktion? Was geschieht in deinem Leben? Was lässt du zu?

Ralf T. Hoffmann

10. Januar

Wenn du denkst, alles in deinem Leben würde zerbrechen und auseinanderfallen, dann ist genau das gerade gut so. Denn es fällt alles an seinen Platz und schafft Raum für Neues.

Ralf T. Hoffmann

11. Januar

Wenn das Leben dich laufend in eine andere Richtung schubst, als du selbst gerade gehst, dann ändere doch einfach mal die Richtung und den Weg. Sei dir sicher, du kommst an das Ziel, das du dir schon immer wünschst.

Ralf T. Hoffmann

12. Januar

Das Universum hätte Dir die Herausforderung nicht geschickt, wenn du nicht in der Lage bist, sie zu meistern.

Verfasser unbekannt

13. Januar

Besitze heute den Mut, alles Erreichte infrage zu stellen, und schau nach neuen Chancen und Möglichkeiten, dein Leben attraktiver zu gestalten.

Ralf T. Hoffmann

14. Januar

Wenn du vor einer kritischen oder vielleicht sogar für den Moment unlösbaren Aufgabe stehst, stell dir folgende Frage: Wenn der „worst case" eintritt, welche Auswirkung hätte das für dein Leben in fünf Jahren?

Nun denke einen Moment darüber nach! - Siehst du; und schon geht es dir viel besser.

Ralf T. Hoffmann

15. Januar

Bist du sicher, dass es bisher schon alles war, was du zum Erreichen deiner Ziele tun konntest? Wirklich?

Ralf T. Hoffmann

16. Januar

"Das Leben ist ein Theaterstück ohne vorherige Proben. Drum lache, singe, tanze und liebe ... und lebe jeden einzelnen Augenblick deines Lebens, bevor der letzte Vorhang fällt und das Stück ohne Applaus zu Ende geht."

Charlie Chaplin

17. Januar

Jeder Stein lässt sich wenden, denn es gibt immer Wege.

Ralf T. Hoffmann

18. Januar

Wenn Deine Träume Dir keine Angst machen, dann sind sie noch nicht groß genug! Und hast Du Angst?

Ralf T. Hoffmann

19. Januar

Glaub mir: Es gibt keine Zufälle. Es gibt keine zufälligen Begegnungen. Es gibt welche, die sind kurz, und es gibt welche, die sind von Dauer. Doch jeder Mensch, der uns begegnet, der in unser Leben tritt, ist eine Prüfung. Er ist entweder Chance oder Verführer. Wenn du genau hinschaust, dann ist dieser Mensch immer ein Geschenk des Schicksals und du kannst dich weiterentwickeln. Achte heute ganz besonders darauf, wer dir begegnet.

Ralf T. Hoffmann

20. Januar

Manchmal ist es ein einziger Blick, ein einziges Lächeln, ein einziger Atemzug, der alles verändern kann. Was veränderst Du heute?

Ralf T. Hoffmann

21. Januar

Wenn Zwei sich treffen, siegt immer der emotional Stärkere!

Ewald Schober

22. Januar

Folge möglichst vielen deiner spontanen Impulse und dein Leben
wird reicher.

Ralf T. Hoffmann

23. Januar

Die Möglichkeit, dass Träume wahr werden können, macht das
Leben erst interessant.

Paulo Coelho

24. Januar

Manchmal ist es wichtig, jemanden dort abzuholen, wo er gerade
ist, und Manchmal ist es genauso wichtig, jemanden dort zu
lassen, wo er sein will!

Ralf T. Hoffmann

25. Januar

Wenn du fühlst, dass in deinem Herzen etwas fehlt, dann kannst
du, auch wenn du im Luxus lebst, nicht glücklich sein. Schau in
dein Herz, was dir fehlt und handle.

Ralf T. Hoffmann

26. Januar

Du bist die beste Quelle positiver Ideen.

Ralf T. Hoffmann

27. Januar

Du bist Schöpfer. Deine Schöpfermacht macht deinen Weg leicht und erfolgreich.

Ralf T. Hoffmann

28. Januar

Das Universum ist voller Überfluss. Sei nun bereit, Freude, und Glück in deinem Leben anzunehmen.

nach Shakti Gawain

29. Januar

Eine glücklichere Version von dir ist möglich! Du musst es nur zulassen.

Ralf T. Hoffmann

30. Januar

Heute ist Tag des Weglassens! Was brauchst du nicht mehr? Wovon kannst du dich lösen? Was kannst du wegwerfen? Was kannst du sprichwörtlich alles über Bord kippen, damit dein Schiff des Lebens leichter und wendiger wird?

Ralf T. Hoffmann

31. Januar

Eines Tages sah eine junge Frau einen Obdachlosen auf den Straßen von Luanda (Angola) sitzen.

Sie näherte sich ihm, aber er ignorierte sie, da er es gewohnt war erniedrigt und beschimpft zu werden -
Ein Polizist, der das Geschehen beobachtete, kam den beiden näher.

"Stört er Sie, Madame?"

Sie antwortete: " Auf keinen Fall - Ich sehe, dass der Herr Hunger hat - Kräfte um aufzustehen hat er auch kaum. Könnten Sie mir helfen, ihn bis zum Restaurant zu tragen?"

Der Polizist half ihm, aber er wollte trotzdem nicht mitkommen, denn er konnte es nicht glauben, was da gerade geschah.

Im Restaurant angekommen, kam der Kellner und sagte:
"Verzeihen Sie Madame, aber der Herr kann hier nicht sitzen bleiben, er wird meine Kundschaft vergraulen."

Die Frau schaute ihn an und sagte: "Sehen Sie diese große Firma dort vorne? (Sie zeigte mit dem Finger drauf.)

Drei Mal die Woche kommen die Geschäftsleute und deren Kundschaft hier essen. Sie lassen eine Menge Geld da, richtig? -
Ich bin die Geschäftsführerin dieser Firma.
So... kann ich nun mit meinem Freund hier essen oder nicht?"

Der Kellner erstaunte, nickte und ging.

Aus seinen schmerzvollen Augen fiel eine Träne,
gleichzeitig fragte er: "Ich danke Ihnen sehr, aber womit habe ich es verdient?"

Sie nahm seine Hände und sagte: " Kannst du dich nicht mehr an mich erinnern Joao?"

"Sie kommen mir bekannt vor, aber ich wüsste nicht, woher ich Sie kennen sollte?!"

Mit Tränen in den Augen sagte sie: "Vor einiger Zeit, kam ich hierher - kein Geld, nichts! Ich kann mich noch ganz genau erinnern, ich hatte sehr großen Hunger. Ich habe mich dort vorne hingesetzt, weil ich ein Vorstellungsgespräch hatte in der Firma, in der ich heute Geschäftsführerin bin. Plötzlich kam ein barmherziger Mann auf mich zu - Erinnern Sie sich, Joao?"

Er nickte, während sich seine Augen immer mehr mit Tränen füllten.

"Zu der Zeit haben Sie noch hier gearbeitet. An jenem Tag aß ich das leckerste Essen meines Lebens. Ich konnte meinen Blick nicht von Ihnen abwenden. Ich konnte es nicht fassen. Dauernd fragte ich mich: „Warum tut er das, womit habe ich das verdient?"

Danach hatte ich so viel Kraft und Mut, dass ich mich aufgerappelt habe, zu diesem Vorstellungsgespräch gegangen bin und wie durch ein Wunder auch noch die Stelle bekommen habe. Ich konnte mein Glück nicht fassen. Ich habe mich fortgebildet, verdiente sehr viel Geld, habe Anteile der Firma gekauft und nach einiger Zeit wurde ich Geschäftsführerin dieser Firma und habe sie zu dem gemacht, was sie heute ist! Und ich wusste eines Tages werde ich mich bei Ihnen revanchieren können.

Ich bin schon sehr lange auf der Suche nach Ihnen. Es tut mir im Herzen weh, Sie heute so sehen zu müssen. Sie werden nie wieder auf der Straße schlafen. Sie werden mit mir nach Hause kommen. Ich werde ihnen Morgen Klamotten kaufen und ab Morgen werden sie mit mir arbeiten gehen....

Sie umarmten sich und weinten. Die Außenstehenden waren von der Lektion des Lebens so überwältigt, dass sie ihre Tränen nicht zurückhalten konnten.

Moral der Geschichte:
Tue Gutes und du bekommst es doppelt und dreifach zurück. Sei
Schöpfer deines erfüllten Lebens.

gefunden in Facebook. Verfasser unbekannt

1. Februar

Deine eigene Wahrnehmung ist deine persönliche Realität, deine Sichtweise. Veränderst du deine Wahrnehmung, deine Sichtweise, verändert sich deine Realität. Ein kleines Beispiel: Setz dich mal im Restaurant auf die andere Seite eines Tisches. Das Restaurant ist dasselbe. Der Tisch auch. Und - *Deine* Sichtweise auch? Siehst du.

Ralf T. Hoffmann

2. Februar

Nicht die Dinge, sondern die Meinung die wir über Dinge haben, beunruhigen uns.

Epikur

3. Februar

Es gibt eine Theorie, die besagt, wenn jemals irgendwer genau herausfindet, wozu das Universum da ist und warum es da ist, dann verschwindet es auf der Stelle und wird durch noch etwas Bizarreres und Unbegreiflicheres ersetzt. - Es gibt eine andere Theorie, nach der das schon passiert ist.

Welche Theorie hast du?

Douglas Adams

4. Februar

Wer in deinem Umfeld tut dir nicht gut? Wer belastet dich oder
zieht dich gar runter? Trenne dich heute von allem, was dir nicht
gut tut. Es wird dich befreien.

Ralf T. Hoffmann

5. Februar

Heute spürst du die Kraft der neu gewonnen Freiheit.

Ralf T. Hoffmann

6. Februar

Du bist der Schöpfer deines Lebens. Gestalte dein Leben nur
noch so, wie du es für dich haben möchtest.

Ralf T. Hoffmann

7. Februar

Heute ist ein Tag voller Frieden, Harmonie und Liebe.
Spürst du es?

Ralf T. Hoffmann

8. Februar

Du bist Schöpfer. Schaffe dir heute ein kleines Wunder. Gestalte
einen besonderen Platz in deinem Zuhause neu. Stell ein paar
Blumen auf und spüre, wie gut du dich danach fühlst.

Ralf T. Hoffmann

9. Februar

Heute ist der Tag der Liebe. Alles wird dir mit Liebe begegnen.
Schau nur genauer hin.

Ralf T. Hoffmann

10. Februar

Unsere Träume, unsere Sehnsüchte und bunten Hoffnungen
wollen ernst und wichtig genommen werden. Wer sie verdrängt,
unterdrückt das Beste in sich und wird ein leerer Mensch.

„Träume" Musikprojekt Schiller aus dem Album Weltreise

11. Februar

Du bist wundervoll. Ja, du bist gemeint.

Ralf T. Hoffmann

12. Februar

Mit unseren Gedanken formen wir unsere Welt.

Buddha

13. Februar

Auch wenn wir die Sterne tagsüber nicht sehen, sind sie trotzdem
da. Sie werden dich, wie jeden Tag, auch heute begleiten und für
dich leuchten.

Ralf T. Hoffmann

14. Februar

Winkt Dir die Liebe, so folge ihr, sind auch ihre Wege hart und steil. Und umfahren Dich ihre Flügel, so ergib Dich ihr, mag auch das unterm Gefieder verborgene Schwert Dich verwunden.

Und redet sie mit Dir, so trau' ihrem Wort, mag auch ihre Stimme Deine Träume erschüttern, wie der Nordwind den Garten verwüstet.

Liebe gibt nichts als sich selber und nimmt nichts als aus sich selbst heraus. Liebe besitzet nichts und lässt sich nicht besitzen, denn Liebe genügt der Liebe.

Songtext „der Prophet" von Schiller (Musik)
nach Kalil Gibran

15. Februar

Ab heute ziehst du glückliche und erfolgreiche Menschen in dein Leben.

Ralf T. Hoffmann

16. Februar

Achte auf deine inneren Impulse. Sie sind einfach zu erkennen, weil sie sich wie ein inneres „Pling" melden. Ein spontanes Aufblitzen eines Gefühls, ein Ziehen im Herz, dem gleichzeitig ein kurzer, klarer Gedanke folgt.

Rüdiger Schache aus dem Buch Sweetwater

17. Februar

Das Leben lässt sich nur rückwärts verstehen, muss aber
vorwärts gelebt werden. Das Große ist nicht, dies oder das zu
sein, sondern man selbst zu sein. Das Vergleichen ist das Ende
des Glücks und der Anfang der Unzufriedenheit.

Søren Kierkegaard

18. Februar

Die größten Herausforderungen im Leben schickt dir das
Universum um zu wachsen. Sei dir sicher, es würde dir diese
Herausforderungen nicht schicken, wenn du nicht in der Lage
bist, diese auch zu meistern. Glaube an dich.

Ralf T. Hoffmann

19. Februar

Hast du dir schon mal überlegt, wie du dich verhältst, wenn das
wahre Leben deine Träume übertrifft?

Ralf T. Hoffmann

20. Februar

Glaube. Glaube an Wunder. Du weißt, dass es Wunder gibt. Denn
wenn du an Wunder glaubst, geschehen auch Wunder. Weil du
weißt, dass deine Gedanken dein Leben verändern können,
verändert sich dein Leben. Weil du dir sicher bist, dass du der
Liebe begegnen wirst, begegnet dir diese Liebe auch.

Ralf T. Hoffmann, inspiriert von Paulo Cohelo
Handbuch des Kriegers des Lichts

21. Februar

Gib deine Träume nicht auf. Niemals. Beschäftige dich wieder
mehr mit ihnen. Ab jetzt jeden Tag. Dadurch setzt du Energien
frei. Achte darauf, was dir ab jetzt zufließt. Und schau genau hin.

Ralf T. Hoffmann

22. Februar

Stell dich aufrecht hin und lache. Fang einfach an zu lachen.
Lache immer mehr. Lache noch mehr. Spürst du, wie gut du dich
fühlst?

Ralf T. Hoffmann

23. Februar

Lächle heute mehr als sonst. Dann wirst du allein dadurch den
Tag von vielen Menschen verändern.

Ralf T. Hoffmann

24. Februar

Kläre deine Gedanken über den heutigen Tag und konzentriere
dich auf das, was heute richtig schön wird.

Ralf T. Hoffmann

25. Februar

Unsere Wünsche sind Vorgefühle der Fähigkeiten, die in uns liegen, Vorboten desjenigen, was wir zu leisten imstande sein werden.

Johann Wolfgang von Goethe

26. Februar

Wer eine Vision hat, der muss seine ganze Kraft in seine Vision stecken und an den Erfolg glauben. Es gilt auch nicht all die Stunden aufzurechnen, die es vielleicht kostet um sein Ziel zu erreichen. Der Moment, der große Moment, in dem deine Vision Wirklichkeit wird, wird einer der schönsten deines Lebens.

Ralf T. Hoffmann

27. Februar

Du bist etwas Besonderes. Ja, du bist gemeint.

Ralf T. Hoffmann

28. Februar

Manchmal muss man neuen Ideen einfach freien Lauf lassen und sich nicht blockieren durch Zweifel, Vorurteile, Angst oder schlechte Erfahrungen. Wenn man diesen Ideen die Freiheit gibt zu wachsen, dann hat man auch die Chance, Großes entstehen zu lassen.

Ralf T. Hoffmann

29. Februar

Es waren einmal zwei Bauern, die als Nachbarn nebeneinander lebten. Sie nannten gleich gutes Land ihr Eigen und bearbeiteten es auf die gleiche Weise. Der eine Bauer brachte jedoch kaum Ernte ein und wurde immer ärmer, wohingegen der andere Scheune und Fass stets gut gefüllt hatte. Der arme Bauer wurde sehr unglücklich.

Eines Tages, als er wieder einmal grübelte, wo sein Unglück seine Wurzeln hatte, sah er einen Mann auf des Nachbarn Land arbeiten. „Hallo" sagte er, „was machst Du da?" „Ich säe Roggen", antwortete der fremde Mann. Der Bauer wunderte sich und fragte gleich nach: „Und wann säst Du bei mir?" „Bei Dir säe ich nicht", bekam er als Antwort. „Warum nicht?" wollte nun der Bauer wissen. „Ich bin das Glück des reichen Bauern" gab der Mann zur Antwort. "Und wo ist mein Glück?", fragte der unglückliche Bauer ganz aufgeregt? „Das liegt dort hinter dem großen Stein", zeigte ihm der Mann.

Der Bauer eilte zu dem Stein und fand tatsächlich einen Mann dort, der jedoch am Boden lag und schlief. „He Du, steh auf! Bist Du mein Glück?", rief er ihm ungeduldig zu. Der Mann erhob sich müde und sprach: „Ja, ich bin Dein Glück". „Dann säe auch Du jetzt meinen Roggen!", forderte er unwirsch. „Ich säe keinen Roggen!", gab der Mann zur Antwort. „Wieso nicht?", fragte der Bauer, „Du bist doch mein Glück!" „Ja, ja", erwiderte der Mann, „aber ich bin kein Glück eines Bauern, ich bin das Glück eines Kaufmanns." Der Bauer schaute fragend drein. „Verkaufe Dein Land und Deinen Hof, gehe in die Stadt und kaufe Dir ein Geschäft. Dann wirst Du sehen."

Der Bauer tat, wie ihm geheißen. Er verkaufte sein Land und seinen Hof, verließ das Dorf und kaufte sich in der Stadt ein Geschäft. Von da an war sein Glück stets bei ihm. Das Geschäft blühte und aus dem armen Bauern wurde ein glücklicher Kaufmann.

Verfasser unbekannt

1. März

Dein Herz ist ab heute frei von Angst und Furcht.

Ralf T. Hoffmann

2. März

Heute ist Tag der Vergebung. Ich vergebe jedem. Auch mir selbst.

Ralf T. Hoffmann

3. März

Don't care what people say,	Es ist egal, was die Leute sagen,
just follow your own way	geh einfach deinen eigenen Weg
Don't give up and use the chance,	Gib nicht auf und nutze die Gelegenheit,
to return to innocence	um zu deinem Ursprung zurückzukehren

Enigma – Michael Cretu
Refrain aus dem Song „Return to Innocence"

4. März

Heute ist ein Tag, an dem du weiter an deiner vorgeburtlichen Lebensvision arbeiten kannst.

Ralf T. Hoffmann

5. März

Es ist dein Leben! Lasse jetzt mit Leichtigkeit alles los, was du aufgeben willst.

Ralf T. Hoffmann

6. März

Heute löst du alle negativen Glaubenssätze auf. So schaffst du Platz für neue Optionen in deinem Leben.

Ralf T. Hoffmann

7. März

Schuldgefühle haben wir Menschen erfunden. In der universellen Welt gibt es sie nicht. Tiere zum Beispiel haben keine Schuldgefühle. Heute ist der Tag, um die Schuld loszulassen. Denn sicher würdest du alles nochmals genauso machen wie damals, wenn es der gleiche Zeitpunkt, der gleiche Umstand und die gleiche Situation wäre. Richtig? Genau! Denn du kannst immer nur so gut handeln, wie dein ganz persönliches Wissen es zu diesem Zeitpunkt zulässt.

Ewald Schober

8. März

Im Augenblick der Intuition durchbricht das Bewusstsein Raum und Zeit und findet den Weg und die Kraft für eine neue Zukunft.

Ralf T. Hoffmann

9. März

Hey – Nur diese Zeilen zaubern dir jetzt ein Lächeln ins Gesicht.
Stimmt's?!

Ralf T. Hoffmann

10. März

Du bist stark, gesund und kräftig.

Ralf T. Hoffmann

11. März

Für jede Niederlage gibt es zwei Siege. Heute ist dein Tag des
Siegens.

Ralf T. Hoffmann

12. März

In der Gegenwart schaffst du deine Gegenwart, deine
Vergangenheit und deine Zukunft.

Ewald Schober

13. März

Wenn es den Moment gibt, dass du dich minderwertig fühlst,
dass du vielleicht nicht gewollt bist, dann denke daran, dass viel
größere Mächte dich gewollt haben. Gott und das Universum.

Ralf T. Hoffmann

14. März

Meditieren ist immer noch besser als dasitzen und gar nichts tun.

Was tust du heute?

Tom Süssmann

15. März

Heute ist ein ganz besonderer Tag. Gestalte ihn ausschließlich nach deinen Vorstellungen.

Ralf T. Hoffmann

16. März

Es gibt Menschen, die erscheinen uns wie Edelsteine. Nicht das sie anders als andere Menschenkinder von sich aus leuchten oder göttliches Licht hervorbringen könnten; aber sie reflektieren und entfalten das empfange Licht so farbenfroh und strahlend, dass man sich unwillkürlich nach der Lichtquelle umschaut.

Hans-Joachim Eckstein, dt. Theologe

17. März

Wenn du mit neuen Situationen noch nicht umgehen kannst, dann lass sie einfach weiter auf dich zukommen.

Ralf T. Hoffmann

18. März

Wenn du etwas ganz fest willst, dann wird das Universum darauf hinwirken, dass du es erreichen kannst.

Paulo Coelho, aus der Alchimist

19. März

Betrete die Option der eigenen Entwicklung. Du bist Schöpfer.

Ralf T. Hoffmann

20. März

Es beginnt das Frühjahr. Nun ist die richtige Zeit sein Leben und die Wohnung oder das Haus auszumisten. Verschenke Sachen, gib Dinge in die Altkleidersammlung oder schmeiß sie einfach weg. Fühle dich danach leicht und befreit.

Ralf T. Hoffmann

21. März

Nimm dir heute Zeit, einfach mal nur zu träumen.

Ralf T. Hoffmann

22. März

Wenn du selber für eine Sache brennst, dann entzünde andere. Für was brennst du?

Ralf T. Hoffmann

23. März

Liebe ist die Fähigkeit, den Menschen, die uns wichtig sind, die Freiheit zu lassen, die sie benötigen, um so sein zu können, wie sie sein wollen. Unabhängig davon, ob wir uns damit identifizieren können oder nicht.

George Bernard Shaw

24. März

Es gibt für nichts 'ne Garantie, es gibt nur jetzt oder nie oder verdammt in Ewigkeit. Es zählt nur diese Sekunde und nicht die volle Stunde, 'raus aus Raum und Zeit.

Genieße genau diesen Moment. Jetzt.

Herbert Grönemeyer, Keine Garantie
aus dem Album Chaos

25. März

Schau nicht zurück. Glaube an dich. Überlege in einem entspannten Moment, wie glücklich du eigentlich gerade bist.

Ralf T. Hoffmann

26. März

Heute ist der Tag, ab dem dein Licht nicht mehr untergehen wird.

Ralf T. Hoffmann

27. März

Es ist Osterzeit. Viele denken über den Glauben nach und vielleicht auch über die Auferstehung. Andere vielleicht, ob Jesus *von* Nazareth Adliger war. Was würdest du machen, wenn du die Chance hättest, aufzuerstehen. Alles auf Null zu setzen. Einen Neuanfang zu starten? OK – Dann tue es jetzt!

Ralf T. Hoffmann

28. März

Wenn du in den Spiegelschrank deines Lebens schaust, dann findest du die Ursachen, warum du so bist, wie du bist. Aber auch den kannst du aufräumen.

Ralf T. Hoffmann

29. März

Du bist, wer du glaubst zu sein. Wirst du danach handeln, wirst du demensprechend ernten.

Ewald Schober

30. März

Entweder weiter wie bisher oder weiter als je zuvor.

Ralf T. Hoffmann

31. März

Komm lass den Augenblick durch Deine Finger fallen
Es ist nie genug und doch zu viel von allem
Dreh die Zeit zurück, wir lassen Korken knallen
Und das Jahr beginnt noch mal

Wo ist die Sonne hin für so ein Sonnenkind
Wie Du es bist - ja, wie wir es sind
Süße, ich muss Dir jetzt was sagen:
Ich glaub, Du solltest mal was wagen

Alles auf Null - Alles neu - Alles andere ist vorbei
Ab heute wird wundervoll
Alles auf Null - Alles neu - Alles andere ist vorbei
Es wird gut, es wird groß, es wird Gold

Deinen müden Augen werd ich nicht erlauben
Dass sie den Glanz übersehen bevor sie schlafen gehn
Süße, ich muss Dich jetzt was fragen:
Wie lange willst Du noch Trauer tragen?

Alles auf null - Alles neu - Alles andere ist vorbei
Ab heute wird wundervoll.
Alles auf Null - Alles neu - Alles andere ist vorbei
Es wird gut, es wird groß, es wird gold

Wenn an trüben Tagen an Dir Zweifel nagen
Stellst Du Dein Telefon ab, denn Du hast alles satt
Du gehst Tiefseetauchen, bist zu nichts zu gebrauchen
Jeder gute Rat prallt an Dir ab

Du brauchst Dich nicht hübsch anzuziehen
Komm raus und lass uns tanzen gehen
Und Du musst mir einfach glauben,
Du wirst allen den Atem rauben

Alles auf Null, aus dem Album „Die Mathematik der Anna Depenbusch"

1. April

Liebe Mama, lieber Papa,
seit ich von zu Hause fort und im College bin, war ich, was das
Briefe schreiben angeht, sehr säumig. Es tut mir leid, dass ich so
unachtsam war und nicht schon früher geschrieben habe. Ich will
Euch nun auf den neusten Stand bringen, aber bevor Ihr anfangt
zu lesen, nehmt Euch bitte einen Stuhl. Ihr lest nicht weiter,
bevor Ihr Euch gesetzt habt!

Okay.

Also, es geht mir inzwischen wieder einigermaßen. Der
Schädelbruch und die Gehirnerschütterung, die ich mir
zugezogen hatte, als ich aus dem Fenster des Wohnheims
gesprungen bin, nachdem dort kurz nach meiner Ankunft ein
Feuer ausgebrochen war, sind ziemlich ausgeheilt. Ich war nur
zwei Wochen im Krankenhaus und kann schon fast wieder
normal sehen und habe nur noch einmal am Tag diese
wahnsinnigen Kopfschmerzen.

Glücklicherweise hat der Tankwart einer Tankstelle das Feuer im
Wohnheim und meinen Sprung aus dem Fenster gesehen und die
Feuerwehr und den Krankenwagen gerufen. Er hat mich auch im
Krankenhaus besucht und da das Wohnheim abgebrannt war und
ich nicht wusste wo ich unterkommen sollte, hat er mir
netterweise angeboten, bei ihm zu wohnen. Eigentlich ist es nur
ein Zimmer im 1. Stock, aber es ist doch recht gemütlich.

Er ist ein sehr netter Junge und wir lieben uns sehr und haben
vor zu heiraten. Wir wissen noch nicht genau wann, aber es soll
schnell gehen, damit man nicht sieht, dass ich schwanger bin. Ja,
Mama und Papa, ich bin schwanger. Ich weiß, wie sehr Ihr Euch
freut, bald Großeltern zu sein und ich weiß, Ihr werdet das Baby
gern haben und ihm die gleiche Liebe, Zuneigung und Führsorge
zukommen lassen, die Ihr mir als Kind gegeben habt.

Der Grund, warum wir nicht sofort heiraten, ist, dass mein
Freund Aids hat, daher ist es uns nicht möglich, eine voreheliche

Blutuntersuchung durchzuführen, denn auch ich habe mich angesteckt.

Ich weiß, Ihr werdet ihn mit offenen Armen in unserer Familie aufnehmen. Er ist nett und ehrgeizig, wenn schulisch auch nicht besonders ausgebildet. Auch wenn er eine andere Hautfarbe und Religion hat als wir, wird Euch das sicherlich nicht stören.

Jetzt, da ich Euch das Neuste mitgeteilt habe, möchte ich Euch sagen, dass es im Wohnheim nicht gebrannt hat, ich keine Gehirnerschütterung oder Schädelbruch hatte, ich nicht im Krankenhaus war, nicht schwanger bin, nicht verlobt bin, mich nicht angesteckt und auch keinen Freund habe.

Allerdings bin ich nun zum zweiten Mal durchs Physikum gefallen und ich möchte, dass Ihr dies in der richtigen Relation seht!

Eure Tochter Sarah

Die Geschichte ist schon alt. Aber ist sie Wahrheit oder Fiktion?
Sieh im Leben genauer hin.
Nicht nur am 1. April.

Verfasser unbekannt

2. April

Bestimme heute, wer du sein möchtest.

Ralf T. Hoffmann

3. April

Die höchste Form von Ignoranz ist, wenn du etwas ablehnst, über das du noch nichts weißt.

Was könntest du heute neu für dich entdecken?

Paulo Coelho

4. April

An irgendeinem Punkt muss man selbst den Sprung ins Ungewisse wagen. Erstens, weil selbst die richtige Entscheidung falsch ist, wenn sie zu spät erfolgt. Zweitens, weil es in den meisten Fällen so etwas wie Gewissheit gar nicht gibt.

Lee Iacocca

5. April

Mache dir einen Plan. Aber wenn Plan A scheitert, dann denke daran, dass du auch noch Plan B oder Plan C machen kannst. Und ja – du hast 26 Möglichkeiten.

Ralf T. Hoffmann

6. April

Finde heute heraus, was dich stört in deinem Leben, in deinem Umfeld, in deinem Zuhause. Und jetzt weg damit. Raus damit aus deinem Leben. Schaff Platz für Neues. Und jetzt fühlst du dich viel leichter.

Ralf T. Hoffmann

7. April

Das Leben eines Menschen ist das, was seine Gedanken daraus machen.

Marcus Aurelius

8. April

Es ist dein Leben. Lass es zu dem werden, was es für dich sein darf. Mach es zum Leben deiner Träume.

Margit Lieverz

9. April

Kennst du das? Auf bessere Zeiten warten? Ich sage, das ist Blödsinn. Die besten Zeiten sind jetzt. Warte nicht länger.

Ralf T. Hoffmann

10. April

Das Geheimnis der Veränderung ist, alle Energie nicht auf die Bekämpfung des Alten zu legen, sondern auf den Aufbau des Neuen.

Socrates, 469 – 399 v Ch.

11. April

Der Tag, an dem du die Verantwortung für dich selbst übernimmst und an dem du aufhörst Entschuldigungen zu suchen, ist der Tag, an dem dein Weg zum Ziel beginnt.

Verfasser unbekannt

12. April

Heute wünsche ich dir Mut, die Dinge zu tun, die du dich bisher noch nicht getraut hast, damit du genau das Leben bekommst, das du dir wünschst. Mit ein bisschen Mut, gelangst du zu einem erfüllten Leben.

Ralf T. Hoffmann

13. April

Wer immer das tut, was er schon kann, bleibt immer das, was er schon ist.

Henry Ford

14. April

Wenn du immer das tust, was du schon immer getan hast, dann wirst du auch weiter das erhalten, was du schon immer bekommen hast. Mach heute etwas völlig Neues. Dann wird sich dein Leben nachhaltig verändern.

Ralf T. Hoffmann

15. April

"Als ich fünf war, hat meine Mutter immer gesagt, dass es das Wichtigste im Leben sei, glücklich zu sein. Als ich später in die Schule kam, baten sie mich aufzuschreiben, was ich später einmal werden möchte. Ich schrieb auf: „Glücklich". Sie sagten mir, ich hätte die Frage nicht richtig verstanden, und ich antwortete ihnen, dass sie das Leben nicht richtig verstanden hätten".

John Lennon

16. April

Täglich kommt ein Tag. Aber wie der heutige Tag kommt keiner mehr.

Mach etwas aus DEINEM Tag.

Türkisches Sprichwort

17. April

Braucht es Mut, das Herz zu öffnen und an die Liebe zu glauben,
oder kannst du es einfach so?

Ralf T. Hoffmann

18. April

Ein Alligator schafft mit seinem Schwanz,
vieles was du gar nicht kannst.

Kannst ja nicht mal Eier legen,
dich im Wasser schnell bewegen.

Alligatoren können das
und haben dabei Riesenspaß.

Doch du bist Adler, wirst du denken,
denn du kannst selbst dein Schicksal lenken.

Kannst entscheiden, denken, handeln,
und dein Leben ständig wandeln.

Ralf T. Hoffmann

19. April

Manche Menschen passen die Wahrheit einfach der Situation an
und belügen sich damit am Ende selbst. Wie steht's mit dir? Bist
du immer ehrlich zu dir?

Ralf T. Hoffmann

20. April

Die Wahrheit tut sicher manchmal weh. Was dich jedoch mehr beunruhigt, ist immer die Ungewissheit. Schaffe heute Klarheit in den Dingen, die dich am meisten beunruhigen.

Ralf T. Hoffmann

21. April

EGO – Get rid of that „E". Let it all GO. Then sit back and watch life flow.

Lös dich vom „E". Lass alles los. Dann lehn dich zurück, und sie wie das Leben fließt.

Rebecca Fox

22. April

Heute ist Tag des Gebens!
Sei sicher, es gibt Menschen in deinem Leben, denen nur DU etwas geben kannst.

Ralf T. Hoffmann

23. April

Warte nicht auf den perfekten Moment. Mache genau diesen Moment zu einem perfekten.

Verfasser unbekannt

24. April

„Ich freu mich immer, wenn es regnet. Weil wenn ich mich nicht freu, regnet es auch."

Was machst du, wenn es regnet?

Karl Valentin

25. April

Die Meinung anderer über dich muss nicht zu deiner Realität werden.

Ueli Gertsch

26. April

Die Minute, in der man das zu tun beginnt, was man tun will, ist der Anfang einer wirklich anderen Art des Lebens.

Buckminster Fuller

27. April

Denk dran: Du hast immer genug Zeit, wenn du sie dir nimmst.

Ralf T. Hoffmann

28. April

Wenn du ab heute den Menschen immer mit offenem Geist begegnest, dann sind sie nach der Begegnung mit dir ganz bestimmt glücklicher.

Ralf T. Hoffmann

29. April

„Das erste Unternehmen, das ich gegründet habe, ist mit einem großen Knall gescheitert. Das zweite Unternehmen ist ein bisschen weniger schlimm gescheitert, das dritte Unternehmen ist auch anständig gescheitert, aber das vierte Unternehmen überlebte bereits. Nummer fünf war dann Paypal."

Wirst du weiter an deine Vision glauben und etwas dafür tun oder aufgeben?

Max Levchin

30. April

Ein 92-jähriger Mann beschloss nach dem Tod seiner Frau ins Altersheim zu gehen. Die Wohnung schien ihm zu groß, und er wollte für seine letzten Tage auch noch ein bisschen Gesellschaft haben, denn er war geistig noch in guter Verfassung.

Im Heim musste er lange in der Halle warten, ehe ein junger Mann zu ihm kam und mitteilte, dass sein Zimmer nun fertig sei. Er bedankte sich und lächelte seinem Begleiter zu, während er, auf seinen Stock gestützt, langsam neben ihm herging.
Bevor sie den Aufzug betraten erhaschte der Alte einen Blick in eines der Zimmer und sagte. „Mir gefällt es sehr gut." Sein junger Begleiter war überrascht und meinte, er habe doch sein Zimmer noch gar nicht gesehen.

Bedächtig antwortete der alte Mann. „Wissen Sie, junger Mann, ob ich den Raum mag oder nicht, hängt nicht von der Lage oder der Einrichtung, sondern von meiner Einstellung ab, von der Art, wie ich ihn sehen will. Und ich habe mich entschieden, glücklich zu sein. Diese Entscheidung treffe ich jeden Morgen, wenn ich aufwache, denn ich kann wählen.

Ich kann im Bett bleiben und damit hadern, dass mein Körper dies und jenes nicht mehr so reibungslos schafft - oder ich kann aufstehen und dankbar sein für alles, was ich noch kann. Jeder Tag ist ein Geschenk, und solange ich meine Augen öffnen kann, will ich sie auf den neuen Tag richten, und solange ich meinen Mund öffnen kann, will ich Gott danken für all die glücklichen Stunden, die ich erleben durfte und noch erleben darf.

Sie sind noch jung, doch nehmen Sie sich den Rat eines alten Mannes zu Herzen. Deponieren Sie alles Glück, alle Freude, alle schönen Erlebnisse als Erinnerungen auf einem Spezialkonto, um im Alter über einen Schatz zu verfügen, von dem Sie zehren können, wann immer Sie dessen bedürfen. Es liegt an Ihnen, wie hoch die Einlagen auf dem Konto sind.
Ich verrate Ihnen noch zwei einfache Tricks, mit denen Sie ihr Konto rasch wachsen lassen können:

Hegen Sie in Ihrem Herzen nur Liebe und in ihren Gedanken nur Freude. In dem Bewusstsein, so ein Konto zu besitzen, verliert die Zukunft ihre Ungewissheit und der Tod seine Angst."

Der junge Mann hatte staunend zugehört und bedankte sich nun mit einem strahlenden Leuchten in seinen Augen. Freudig drückte er den Arm des Alten und meinte: „Vielen Dank, soeben habe ich ein Erinnerungs-Konto bei meiner Bank eröffnet, und dieses Gespräch ist die erste Einlage."

Mit diesen Worten öffnete er die Tür, um dem neuen Bewohner sein Zimmer zu zeigen. Mit einem Schmunzeln sagte dieser: „Mir gefällt es sehr gut."

aus Facebook am 07. August 2013
Verfasser unbekannt

1. Mai

Gott hat dir die vier Mächte des Erschaffens gegeben. Denken –
Sprechen – Fühlen – Handeln. Verschwende keine Zeit damit, sie
nicht einzusetzen.

Ewald Schober

2. Mai

Du bist interessant für die ganze Welt und die Welt braucht dich.

Ewald Schober

3. Mai

Es gibt keine wirkliche Realität. Alles hängt von deiner Sichtweise
und dem Zeitfaktor ab.

Ralf T. Hoffmann

4. Mai

Gefühle sind eine Reaktion auf das Zusammenspiel der vier
Mächte Denken – Sprechen – Fühlen – Handeln. Nur wenn alle
vier Mächte in dieselbe Richtung gehen, wird dein Vorhaben
gelingen.

Ewald Schober

5. Mai

In dem Moment, wo du beschließt, dass es dir gut geht, hast du die Gegenwart verändert. Somit auch die Vergangenheit und das, was in Zukunft passiert.

Ralf T. Hoffmann

6. Mai

Day of Change: Wann hast du deinen Tag der Veränderung?

Ralf T. Hoffmann

7. Mai

Wissen ist out. Weisheit ist angesagt.

Ewald Schober

8. Mai

Es ist klüger, einen Tag im Monat an seinem Leben zu arbeiten, als einen ganzen Monat immer weiter dasselbe zu machen.

Ewald Schober

9. Mai

Heute ist Tag der Freiheit.
Ab jetzt bist du Macher, statt Opfer.

Ralf T. Hoffmann

10. Mai

Unsere größte Angst ist nicht, unzulänglich zu sein. Unsere
größte Angst ist, grenzenlos mächtig zu sein. Unser Licht, nicht
unsere Dunkelheit, ängstigt uns am meisten. Wir fragen uns: Wer
bin ich denn, dass ich so brillant sein soll? Aber wer bist du, es
nicht zu sein? Du bist ein Kind Gottes. Es dient der Welt nicht,
wenn du dich klein machst. Sich klein zu machen, nur damit sich
andere um dich herum nicht unsicher fühlen, hat nichts
Erleuchtetes. Wir wurden geboren, um die Herrlichkeit Gottes,
der in uns ist, zu manifestieren. Er ist nicht nur in einigen von
uns, er ist in jedem Einzelnen. Und wenn wir unser Licht scheinen
lassen, geben wir damit unbewusst anderen die Erlaubnis, es
auch zu tun. Wenn wir von unserer eigenen Angst befreit sind,
befreit unsere Gegenwart automatisch die anderen.

Nelson Mandela bei seiner Antrittsrede am 10. Mai 1994

11. Mai

Spiel das Spiel deines Lebens! Nicht, um es nicht zu verlieren,
sondern: Um es zu gewinnen!

Ralf T. Hoffmann

12. Mai

Heute ist der Tag der Ruhe.
Gönn dir Ruhe und mach so dein Leben leichter.

Ralf T. Hoffmann

51

13. Mai

Jeder Mensch hat eine Geschichte, die es wert ist, erzählt zu werden. Manche bleiben Zeit ihres Lebens immer im Schatten und durchlaufen einfach ihr Leben, weil nichts Besonderes passiert. Andere wiederum scheinen immer im Licht zu stehen, weil ihr Leben voller schöner Dinge und abwechslungsreich ist. Wer genau hinsieht, sieht beide. Doch welche Geschichte wird erzählt? Was ist mit deiner Geschichte? Was soll eines Tages erzählt werden?

Ralf T. Hoffmann

14. Mai

Solange noch nicht alle Entscheidungen zu einem möglichen Ereignis unwiderruflich eingerastet sind, steht es auch nicht fest und Ihre Seele wird es nicht als Ereignis erleben. Sie erhalten dann keine konkrete wissende Vorahnung. Stattdessen erhalten Sie Gefühle, die Ihnen sagen: „Was wäre, wenn...". Auf diese Weise können Sie selbst spüren, welche Entscheidung für Sie die bessere wäre und dann die Lebensweiche auf Weg A oder Weg B stellen.

Rüdiger Schache aus dem Buch Sweetwater

15. Mai

Wir Menschen haben alle unsere Erinnerungen. Heute ist der Zeitpunkt, wo du das Nützliche vom Nutzlosen trennst. Wirf deinen Gefühlsmüll endgültig weg. Befreie dich. Schaffe Platz in Herz und Seele.

Ralf T. Hoffmann

16. Mai

Wenn Du willst, dass sich Dinge ändern, dann musst Du
beginnen, die Dinge anders zu tun.

Verfasser unbekannt

17. Mai

Ich kann freilich nicht sagen, ob es besser werden wird, wenn es
anders wird, aber so viel kann ich sagen: Es muss anders werden,
wenn es gut werden soll.

Georg Christoph Lichtenberg

18. Mai

Die wichtigste Stunde ist immer die Gegenwart. Der
bedeutendste Mensch ist der, der Dir gerade gegenüber sitzt.
Das Notwendigste ist immer die Liebe."

Meister Eckhart

19. Mai

Du musst die Menschen lieben, wenn du sie ändern willst. Dein
Einfluss reicht nur so weit wie deine Liebe.

Was ist mit dir? Liebst du die Menschen?

nach Pestalozzi / Ralf T. Hoffmann

20. Mai

Wir sollten erkennen, dass eine ungeheure Kraft in uns allen liegt, die wir aber nicht nutzen können, solange wir uns als Opfer fühlen.

Rudolf Dreikurs

21. Mai

Am Ende stellt sich die Frage: Was hast du aus deinem Leben gemacht? Was du dann wünschst, getan zu haben, das tue jetzt!

Erasmus von Rotterdam

22. Mai

Einen natürlichen Tod vorausgesetzt, stellt sich am Ende die Frage: Was soll im Museum deines Lebens gezeigt werden? Wenn du eine Vorstellung von deiner Museumsausstellung hast, dann fang an es jetzt zu tun.

Ralf T. Hoffmann

23. Mai

Du wirst morgen sein, was du heute denkst.

Buddha

24. Mai

Wenn du nur lebst, bist du ein Kind des Schicksals. Wenn du dich selbst bestimmst, dann bist du sein Schöpfer.

Ralf T. Hoffmann

25. Mai

Das Universum ist eine riesige Kopiermaschine unserer Gedanken. Wollen wir, dass sich eine Sache ändert, müssen wir aufhören die dazugehörigen Gedanken auf den Kopierer zu legen.

Wann fertigst du dein neues Original an?

nach Neale Donald Walsch / Ralf T. Hoffmann

26. Mai

Solange du glaubst, dass du etwas nicht kannst, solange wird es auch nicht möglich sein, dass du es tust.

Ralf T. Hoffmann

27. Mai

Freiheit bedeutet, dass du nicht unbedingt alles so machen musst wie andere Menschen.

Astrid Lindgren

28. Mai

Hattest du nicht letztes Jahr schon gesagt, nächstes Jahr mache ich es anders?! Und?

LCC

29. Mai

Der Clown ist die wichtigste Mahlzeit des Tages.

Verfasser unbekannt

30. Mai

Verbringe dein Leben mit Menschen, die dich inspirieren und dich zum Lachen bringen und mit denen die Sonne aufgeht. Verbanne die, die dir dein Glück absaugen und dich mit ihrer negativen Energie im Dunkeln zurücklassen.

Verfasser unbekannt

31. Mai

Ein furchtbarer Sturm kam auf. Der Orkan tobte. Das Meer wurde
aufgewühlt und meterhohe Wellen brachen sich
ohrenbetäubend laut am Strand.
Nachdem das Unwetter langsam nachließ, klarte der Himmel
wieder auf.
Am Strand lagen unzählige von Seesternen, die von der
Strömung an den Strand gespült waren.

Ein kleiner Junge lief am Strand entlang, nahm
behutsam Seestern für Seestern in die Hand und warf sie zurück
ins Meer.

Da kam ein Mann vorbei. Er ging zu dem Jungen und
sagte: "Du dummer Junge! Was du da machst ist vollkommen
sinnlos. Siehst du nicht, dass der ganze Strand voll von
Seesternen ist? Die kannst du nie alle zurück
ins Meer werfen! Was du da tust, ändert nicht das Geringste!"

Der Junge schaute den Mann einen Moment
lang an. Dann ging er zu dem nächsten Seestern, hob ihn
behutsam vom Boden auf und warf ihn ins Meer.

Zu dem Mann sagte er:
"Für ihn wird es etwas ändern!"

Patrick Porter: "Six Secrets of G.E.N.I.U.S." / Der Seestern

1. Juni

Du wirst nie den Augenblick vergessen, wo du einen Menschen kennen gelernt hast, der dir sehr viel bedeutet. Überlege heute mal, welche Menschen das sind und denke an sie.

Ralf T. Hoffmann

2. Juni

Namaste
Auf die Frage von Albert Einstein, was er denn mit dem Gruß „Namaste" ausdrücken wolle, soll Mahatma Gandhi geantwortet haben: „Ich ehre den Platz in dir, in dem das ganze Universum residiert. Ich ehre den Platz des Lichts, der Liebe, der Wahrheit, des Friedens und der Weisheit in dir. Ich ehre den Platz in dir, wo, wenn du dort bist und auch ich dort bin, wir beide nur noch eins sind."

Mit wem bist du EINS?

Quelle: Facebook - Zitatherkunft unbekannt

3. Juni

Es gibt Menschen, die denken noch bis zum 25. Lebensjahr, ihr Name sei „Nein". Wann hast du das letzte Mal ein „Ja" zu dir gehört?

Ralf T. Hoffmann

4.   Juni

Hast Du Humor?
Nur weil du selbstbestimmt bist, macht es keinen Sinn, die
Nachricht auf einer Mailbox vor dem Piepton zu hinterlassen.

Ralf T. Hoffmann

5.   Juni

Setze dir heute ein Ziel, das dich morgen motiviert aufzustehen.

Ralf T. Hoffmann

6.   Juni

Deine Vergangenheit bestimmt nicht über deine Möglichkeiten.

Britta Kristin Beyer

7.   Juni

Vergiss nie, dass es Menschen gibt, die wünschten, dass sie deine
schlechten Tage haben könnten.

Verfasser unbekannt

8.   Juni

Manchmal ist das Leben wie ein Hefeteig. Es zieht sich, bis es gut
wird.

Ralf T. Hoffmann

9. Juni

Was zählt, ist nicht allein dein Glück oder Talent, sondern deine Entscheidungen.

Britta Kristin Beyer

10. Juni

Fang heute an, deine ganz eigene Erfolgsgeschichte zu schreiben.

Ralf T. Hoffmann

11. Juni

Sei du selbst! Alle anderen sind bereits vergeben.

Oscar Wilde

12. Juni

Jeden Tag ins Fitnessstudio zu gehen, ist auch eine Art von Persönlichkeitsentwicklung. Manche hängen leider nur ihren Verstand mit in den Spint und vergessen ihn anschließend wieder rauszunehmen. Solltest du ins Fitnessstudio gehen, dann vergiss nichts.

Ralf T. Hoffmann

13. Juni

Wer Everybody's Darling ist, ist manchmal auch Everybody's Depp. Wer oder was bist du?

Ralf T. Hoffmann

14. Juni

Du kannst nur solange mit den Gefühlen deiner Mitmenschen spielen, solange sie noch welche für dich haben. Geh vorsichtig mit ihnen um. Mit den Menschen und mit den Gefühlen.

Ralf T. Hoffmann

15. Juni

Wenn du deine Gefühle, ja auch mal Tränen zeigst, dann bist du weder blöd noch naiv. Dann bist du stark! Denn du setzt keine Masken auf.

Ralf T. Hoffmann

16. Juni

Dein Lächeln ist etwas Besonderes. Lächle heute jeden an, der dir begegnet und schau, was es mit dir macht.

Ralf T. Hoffmann

17. Juni

Bitte hör nicht auf zu träumen, von einer besseren Welt. Fangen wir an aufzuräumen, bau sie auf wie sie dir gefällt. Bitte hör nicht auf zu träumen, von einer besseren Welt. Fangen wir an aufzuräumen, bau sie auf wie sie dir gefällt. Du bist die Zukunft, du bist dein glück. Du träumst uns in die höchsten Höhen, und sicher auf den Boden zurück. Und ich bin für dich da, du für mich. Seit deiner ersten Stunde glaube ich an dich. Bitte hör nicht auf zu träumen, von einer besseren Welt. Fangen wir an aufzuräumen, bau sie auf wie sie dir gefällt. Bitte hör nicht auf zu träumen, von einer besseren Welt. Fangen wir an aufzuräumen, bau sie auf wie sie dir gefällt. Du bist der Anfang, du bist das Licht. Die Wahrheit scheint in dein Gesicht. Du bist ein Helfer, Du bist ein Freund. Ich hab so oft von dir geträumt. Du bist der Anlass, Du bist der Grund. Du machst die kranken wieder gesund. Du musst nur lächeln, und sagst dein Wort. Denn Kindermund, tut Wahrheit kund. Bitte hör nicht auf zu träumen, von einer besseren Welt. Fangen wir an aufzuräumen, bau sie auf wie sie dir gefällt. Bitte hör nicht auf zu träumen, von einer besseren Welt. Fangen wir an aufzuräumen, bau sie auf wie sie dir gefällt. Bitte hör nicht auf zu träumen, von einer besseren Welt. Fangen wir an aufzuräumen, bau sie auf wie sie dir gefällt.

Bitte hör nicht auf zu träumen, Xavier Naidoo

18. Juni

Du hast solange die Chance, bis sie ein anderer nutzt. Welche Chancen hast du? Schau genau hin. Und jetzt los! Nutze sie. Heute.

Ralf T. Hoffmann

19. Juni

Wenn du mal keine Kraft mehr hast, die Dinge zu halten, dann lass sie einfach los. Sind sie wichtig für dein Leben, dann kommen sie zurück.

Ralf T. Hoffmann

20. Juni

Eine Vision, ohne Aktion ist eine Illusion.
Agierst du heute?

Heiko Albert

21. Juni

Für viele Menschen ist es schon etwas Besonderes, wenn sie ihren Frisör wechseln. Was änderst du heute?

Ralf T. Hoffmann

22. Juni

„Wir wissen nicht wirklich, was mit ihm passiert ist, aber wir hätten weniger zu lachen."

Peter A. Beinhorn über Ralf T. Hoffmann

23. Juni

Kaum macht man's richtig, schon funktioniert `s.

Peter A. Beinhorn

24. Juni

Wie wäre das, wenn du keinem Menschen mehr nachlaufen müsstest um Anerkennung zu bekommen, sondern die Anerkennung in dir selbst findest und andere Menschen deine Nähe suchen?

Tom Süssmann

25. Juni

Heute ist ein ganz besonderer Tag. Gestalte ihn ausschließlich nach deinen Vorstellungen.

Ralf T. Hoffmann

26. Juni

Der Mut seine Gefühle zu zeigen, trägt oft schon zum Glücklichsein bei.

Verfasser unbekannt

27. Juni

Hier ist Platz für deinen ganz persönlichen Lieblingsspruch

Autor:..

28. Juni

Funktionierst du nur oder passiert etwas in deinem Leben? Denn wenn du fünf Tage aufs Wochenende wartest, dann solltest du in deinem Leben etwas verändern.
Wartest du noch oder bist du Veränderer – Schöpfer?

Ralf T. Hoffmann

29. Juni

Kein überraschender Kuss gerät in Vergessenheit. Er ist von Dauer und er hinterlässt einen bleibenden Eindruck. Wen willst du heute – ganz überraschend – küssen?

Ralf T. Hoffmann

30. Juni

Es war einmal ein armer chinesischer Reisbauer, der trotz all seines Fleißes in seinem Leben nicht vorwärts kam. Eines Abends begegnete ihm der Mondhase, von dem jedes Kind weiß, dass er den Menschen jeden Wunsch erfüllen kann.

"Ich bin gekommen", sagte der Mondhase, "um dir zu helfen. Ich werde dich auf den Wunschberg bringen, wo du dir aussuchen kannst, was immer du willst." Und ehe er sich versah, fand sich der Reisbauer vor einem prächtigen Tor wieder. Über dem Tor stand geschrieben: "Jeder Wunsch wird Wirklichkeit".

Schön, dachte der Bauer und rieb sich die Hände. Mein armseliges Leben hat nun endlich ein Ende. Erwartungsvoll trat er durch das Tor. Ein weißhaariger, alter Mann stand am Tor und begrüßte den Bauern mit den Worten: "Was immer du dir wünschst, wird sich erfüllen. Aber zuerst musst du ja wissen, was man sich überhaupt alles wünschen kann. Daher folge mir!"

Der alte Mann führte den Bauern durch mehrere Säle, einer schöner als der andere. "Hier", sprach der Weise, "im ersten Saal siehst du das Schwert des Ruhmes. Wer sich das wünscht, wird ein gewaltiger General. Er eilt von Sieg zu Sieg und sein Name wird auch noch in den fernsten Zeiten genannt. Willst du das?" Nicht schlecht, dachte sich der Bauer, Ruhm ist eine schöne Sache und ich möchte zu gerne die Gesichter der Leute im Dorf sehen, wenn ich General werden würde. Aber ich will es mir noch einmal überlegen.

Also sagte er: "Gehen wir erst einmal weiter." "Gut, gehen wir weiter!" sagte der Weise lächelnd.
Im zweiten Saal zeigte er dem Bauern das Buch der Weisheit. "Wer sich dieses wünscht, dem werden alle Geheimnisse des Himmels und der Erde offenbart." Der Bauer meinte: "Ich habe mir schon immer gewünscht, viel zu wissen. Das wäre vielleicht das Rechte. Aber ich will es mir noch einmal überlegen."
Im dritten Saal befand sich ein Kästchen aus purem Gold. "Das ist die Truhe des Reichtums. Wer sich die wünscht, dem fliegt das

Gold zu, ob er nun arbeitet oder nicht." "Ha!" lachte der Bauer, "Das wird das Richtige sein. Wer reich ist, der ist der glücklichste Mensch der Welt. Aber Moment! Glück und Reichtum sind ja zwei verschiedene Dinge. Ich weiß nicht recht. Gehen wir noch weiter."

Und so ging der Bauer von Saal zu Saal, ohne sich für etwas zu entscheiden. Als sie den letzten Saal gesehen hatten, sagte der alte Mann zum Bauern: "Nun wähle. Was immer du dir wünschst, wird erfüllt werden!" "Du musst mir noch ein wenig Zeit lassen!" sagte der Bauer "Ich muss mir die Sache noch etwas überlegen."

In diesem Augenblick aber ging das Tor hinter ihm zu und der Weise war verschwunden. Der Bauer fand sich zu Hause wieder. Der Mondhase saß wieder vor ihm und sprach: "Armer Bauer, wie du sind die meisten Menschen. Sie wissen nicht, was sie sich wünschen sollen. Sie wünschen sich alles und bekommen nichts. Was immer sich einer wünscht, das schenken ihm die Götter – aber der Mensch muss wissen, was er will!

alte chinesische Weisheit

1. Juli

Wenn der Kompass nur Himmel und Hölle zeigt, dir alle Sinne verschwimmen, wenn du dir nicht vergeben kannst, keiner deine Feuer löscht... - *dann gib nicht auf! Das Universum beschützt dich. Denke genau nach, was du tun kannst, denn es gibt immer einen Weg. Du bist Schöpfer und findest den Weg raus.*

Ralf T. Hoffmann, nach Herbert Grönemeyer, „Ich dreh' mich um dich",

2. Juli

Wenn du diese Zeilen liest, ist dann die Gegenwart nicht schon Vergangenheit und das nächste Wort nicht schon Zukunft? Oder ist es jetzt auch schon Vergangenheit? Zeit ist fiktiv. Lebe im Jetzt.

Ralf T. Hoffmann

3. Juli

Und? Bist du wirklich so unabhängig, wie du möchtest?

Ralf T. Hoffmann

4. Juli

Manchmal sind die Dinge anders, als sie auf den ersten Blick scheinen, und du musst genauer hinsehen.

Ralf T. Hoffmann

5. Juli

Manche Menschen haben ein Ziel, das ist so etwas Besonderes,
dass sie nur ganz selten daran arbeiten. Wie ist es mit dir? Wie
oft arbeitest du an deinem Ziel?

Ralf T. Hoffmann

6. Juli

Nimm dir Zeit, um zu arbeiten, es ist der Preis des Erfolges.
Nimm dir Zeit, um nachzudenken, es ist die Quelle der Kraft.
Nimm dir Zeit, um zu spielen, es ist das Geheimnis der Jugend.
Nimm dir Zeit, um zu lesen, es ist die Grundlage des Wissens.
Nimm dir Zeit, um freundlich zu sein, es ist das Tor zum Glück.
Nimm dir Zeit, um zu träumen, es ist der Weg zu den Sternen.
Nimm dir Zeit, um zu lieben, es ist die wahre Lebensfreude.
Nimm dir Zeit, um froh zu sein, es ist die Musik der Seele.

Irländische Volksweisheit

7. Juli

Die ganze Welt kann dein Feind sein. Wenn sie dich fangen und
für ihre alltäglichen Dinge einnehmen, wirst du dich darin
verlieren. Eines Tages wird es dich vernichten. Aber zuerst
müssen sie dich fangen. Deswegen eigne dir so viel Wissen wie
möglich an. Dann setzen dieses Wissen weise ein. Immer und
immer wieder. Nutze jede Chance. Denn dann bist du ihnen
immer einen Schritt voraus und kannst in deiner eigenen Welt
leben.

Ralf T. Hoffmann

8. Juli

Sagt, was ihr seid. Nicht, was ihr gern wärt, und auch nicht, was ihr sein müsstet. Sagt einfach, was ihr seid. Das ist allemal genug.

Und? Wer oder was bist du?

John Cassavetes

9. Juli

Carpe diem! Nutze den Tag!
Ja – irgendwie schon ziemlich abgedroschen, oder?!
Aber – sag: Tust du's denn auch?

Ralf T. Hoffmann

10. Juli

Ich brülle mein barbarisches „*Johoo*" über die Dächer der Welt.
Geh' raus und brüll los!

Walt Whitman, 52. Gedicht des Abschnitts Song of Myself

11. Juli

Im Wald zwei Wege boten sich mir dar, und ich ging den, der weniger betreten war. Und das veränderte mein Leben.

Welchen Weg gehst du ab heute?

Robert Frost

12. Juli

Heute ist Tag der Stille.
Ab diesem Tag schwieg der indische Guru und Mystiker, Meher Baba, die restlichen 44 Jahre seines Lebens.

Wie heißt es im Tennis? Quiet please!

Quelle: Wikipedia

13. Juli

„Don't worry, be Happy"
Das waren die letzten Worte von Meher Baba vor seinem Schweigegelübde. Diese Worte sind 1988 von Bobby Mc Farrin in seinem gleichnamigen Nr. 1 Hit verarbeitet worden.

Und nun du: Don't worry, be Happy!

Quelle: Wikipedia

14. Juli

Fast jeder von uns hat den Drang eine Rolle spielen zu wollen. Vielleicht sehen wir hierin eine Möglichkeit uns mitteilen zu wollen. Manchmal macht es sogar großen Spaß. Doch sind wir damit nicht nur Darsteller in unserem eigenen Leben, obwohl wir das Zeug dazu hätten, Regisseur zu sein?

Bist Du Darsteller oder Regisseur?

Ralf T. Hoffmann

15. Juli

Kontrolle ist eine Illusion. Niemand weiß, was wirklich als nächstes passiert. Oder weißt du es?

Ralf T. Hoffmann

16. Juli

Wenn du JA sagst, dann sei dir sicher, dass du nicht NEIN zu dir selbst sagst.

Paulo Coelho

17. Juli

Solange du Unerledigtes mit dir rumträgst, bist du nicht frei. Überlege – Was kannst du heute alles erledigen, was schon lange rumliegt?!

Ralf T. Hoffmann

18. Juli

Hass ist nur geballte Angst, keine Wege zur Liebe zu finden. Vergiss den Hass. Liebe lieber. Das ist auch weniger anstrengend.

Ralf T. Hoffmann

19. Juli

Das Leben hält noch eine Menge Überraschungen für dich bereit.
Freu dich drauf.

Ralf T. Hoffmann

20. Juli

Du musst nicht jeden Scheiß mitmachen, den dein Gehirn dir
vorschlägt. Überlege, ob deine Handlungen dich deinem Ziel
näherbringen.

Ralf T. Hoffmann

21. Juli

Du erreichst in dieser Welt, ja in deinem Leben nichts, wenn du
darauf wartest, dass es dir zufällt. Du musst es in die Hand
nehmen. Nur dann bekommst du, was du wirklich willst.

Ralf T. Hoffmann

22. Juli

Wer fragt, läuft Gefahr, im ersten Moment dumm zu erscheinen.
Wer nicht fragt, läuft Gefahr, sein ganzes Leben dumm zu
bleiben. Was fragst du heute?

Ralf T. Hoffmann

23. Juli

Deine Träume kannst du erst dann erreichen, wenn du dich
traust, daraus zu erwachen.

Ralf T. Hoffmann

24. Juli

Abenteuer ist überall im Leben. Die Betrogenen sind die, die
Sicherheit erwarten, denn es gibt sie nicht.
Was erwartest du?

Ralf T. Hoffmann

25. Juli

Wenn etwas an uns Menschen phänomenal ist, so ist es die
unbegrenzte Entwicklungsmöglichkeit. Leider wird dieses
Phänomen noch viel zu wenig genutzt.

Carl Gustav Jung

26. Juli

Dem Menschen einen Glauben schenken, heißt seine Kraft
verzehnfachen.

*Sag deinem Nächsten, dass du an ihn und seine Ziele glaubst. Es
kommt zigfach zu dir zurück.*

Gustave Le Bon

27. Juli

Es kommt nicht darauf an, wie intelligent du bist, sondern wie du deine Fähigkeiten einsetzt.

Ralf T. Hoffmann

28. Juli

Der Mensch ist nicht frei geboren, sondern zur Freiheit berufen. Denn der Begriff Freiheit ist Selbstbestimmung.

Matthieu Carriére

29. Juli

Das Geheimnis des Erfolgs ist die Beständigkeit des Ziels.

Benjamin Disraeli

30. Juli

Alles im Leben entwickelt sich von innen nach außen. Was wir denken, das werden wir.

Was denkst du?

Ralph Waldo Trine

31. Juli

Eines Tages, ich war gerade das erste Jahr in der Schule, sah ich ein Kind aus meiner Klasse nach Hause gehen. Sein Name war Michael. Es sah so aus, als würde er alle seine Bücher mit sich tragen. Ich dachte mir: "Warum bringt wohl jemand seine ganzen Bücher an einem Freitag nach Hause? Das muss ja ein richtiger Dummkopf sein." Mein Wochenende hatte ich schon verplant mit meinen Freunden also zuckte ich mit den Schultern und ging weiter.

Als ich weiter ging, sah ich eine Gruppe Kinder in seine Richtung laufen. Sie rempelten ihn an, schlugen ihm seine Bücher aus den Armen und schubsten ihn, so dass er in den Schmutz fiel. Seine Brille flog durch die Luft, und ich beobachtete, wie sie etwa drei Meter neben ihm im Gras landete.

Er schaute auf und ich sah diese schreckliche Traurigkeit in seinen Augen. Mein Herz wurde weich. Ich ging zu ihm rüber, er kroch am Boden umher und suchte seine Brille, und ich sah Tränen in seinen Augen. Als ich ihm seine Brille gab, sagte ich: "Diese Typen sind Blödmänner". Er schaute zu mir auf und sagte: "Danke!" Ein großes Lächeln zierte sein Gesicht. Es war eines jener Lächeln, die wirkliche Dankbarkeit zeigten.

Ich half ihm seine Bücher aufzuheben und fragte ihn, wo er wohnt. Es stellte sich heraus, dass er in meiner Nähe wohnte, also fragte ich ihn, warum ich ihn vorher nie gesehen habe.

Er erzählte mir, dass er zuvor auf eine Privatschule ging. Ich hätte mich nie mit einem Privat-Schul-Kind abgegeben. Den ganzen Nachhauseweg unterhielten wir uns; und ich trug seine Bücher. Er war eigentlich ein richtig cooler Kerl.

Ich fragte ihn, ob er Lust hätte mit mir und meinen Freunden am Samstag Fußball zu spielen. Er sagte zu. Wir verbrachten das ganze Wochenende zusammen und je mehr ich Michael kennen lernte, desto mehr mochte ich ihn. Und meine Freunde dachten genauso über ihn.

Es begann der Montagmorgen, und auch Michael mit dem riesigen Bücherstapel war wieder da.
Ich stoppte ihn und sagte: "Oh Mann, mit diesen ganzen Büchern wirst du eines Tages noch mal richtige Muskeln bekommen". Er lachte und gab mir einen Teil der Bücher. Während der nächsten vier Jahre wurden Michael und ich richtig gute Freunde Als wir älter wurden, dachten wir übers College nach.

Michael entschied sich für Wien und ich mich für Salzburg. Ich wusste, dass wir immer Freunde sein werden und diese Kilometer zwischen uns niemals ein Problem darstellen würden. Er wollte Arzt werden und ich hatte vor eine Fußballer-Karriere zu machen.

Michael war Abschiedsredner unserer Klasse. Ich neckte ihn die ganze Zeit, indem ich sagte, er sei ein Dummkopf. Er musste eine Rede für den Schulabschluss vorbereiten. Ich war so froh, dass ich nicht derjenige war, der sprechen musste.

Am Abschlusstag: Ich sah Michael. Er sah großartig aus. Er war einer von denen, die während der Schule zu sich selber finden und ihren eigenen Stil entwickeln. Er hatte mehr Verabredungen als ich und alle Mädchen mochten ihn. Manchmal war ich richtig neidisch auf ihn. Heute war einer dieser Tage. Ich konnte sehen, dass er wegen seiner Rede sehr nervös war.
Ich gab ihm einen Klaps auf den Hintern und sagte: "Hey, großer Junge, du wirst großartig sein!" Er sah mich mit einem jener Blicke (die wirklich dankbaren) an und lächelte. "Danke", sagte er.

Als er seine Rede begann, räusperte er sich kurz, und fing an.
„Der Abschluss ist eine Zeit, um denen zu danken, die dir halfen, diese schweren Jahre zu überstehen. Deinen Eltern, Deinen Lehrern, Deinen Geschwistern, vielleicht einem Trainer.... aber am meisten Deinen Freunden.
Ich sage euch, das beste Geschenk, dass ihr jemandem geben könnt, ist eure Freundschaft. Lasst mich euch eine Geschichte erzählen".

Ich schaute meinen Freund etwas ungläubig an, als er von dem Tag erzählte, an dem wir uns das erste Mal trafen. Er hatte geplant, sich an diesem Wochenende umzubringen.

Er erzählte weiter, dass er seinen Schrank in der Schule ausgeräumt hatte, so dass seine Mutter es später nicht tun müsste und trug sein Zeug nach Hause. Er schaute mich an und lächelte.
"Gott sei Dank, ich wurde gerettet. Mein Freund hat mich vor dieser unsäglichen Sache bewahrt."

Ich konnte spüren, wie die Masse den Atem anhielt, als dieser gutaussehende, beliebte Junge uns von seinem schwächsten Augenblick im Leben erzählte. Ich bemerkte, wie seine Mutter und sein Vater lächelnd zu mir herüber sahen, genau dasselbe, dankbare Lächeln. Niemals zuvor spürte ich solch eine tiefe Verbundenheit.

Unterschätze niemals die Macht deines Handelns. Durch eine kleine Geste kannst du das Leben einer Person ändern. Zum Guten oder zum Bösen. Die Schöpfung setzt uns alle ins Leben des anderen, um uns gegenseitig zu beeinflussen, auf jede Art und Weise.

Verfasser unbekannt

1. August

Das Leben ist kein Bundesligaspiel mit Hin- und Rückrunde. Es ist von Anfang an ein Pokalendspiel. Du musst dich nicht dafür qualifizieren, du darfst direkt dort spielen. Es ist eine einmalige Chance dein ganz persönliches Ziel zu erreichen, wenn du auf der richtigen Position spielst. Ob im Mittelfeld, im Tor oder im Sturm, entscheidest allein du.

Ralf T. Hoffmann

2. August

Jeder ist berufen, etwas in dieser Welt zur Vollendung zu bringen.

Was vollendest du?

Martin Buber

3. August

Mit wem willst du deinen Weg gehen? Hast du den richtigen Partner an deiner Seite, um deinen Traum, ja dein Ziel zu erreichen?

Ralf T. Hoffmann

4. August

Das, was du von dir selbst denkst, bestimmt dein Leben! Was denkst du von dir?

Ralf T. Hoffmann

5. August

Unser Glaube ist der Sieg, der die Welt überwunden hat.

An was glaubst du?

Bibel, 1 Johannes 5,4

6. August

Lass es dir immer saugut gehen.

Ewald Schober

7. August

Nun aber bleibt Glaube, Hoffnung, Liebe, diese drei; aber die Liebe ist die Größte unter ihnen.

Korinther, Kapitel 13

8. August

Worüber hast du dich heute schon gefreut?

Ralf T. Hoffmann

9. August

Deine Gedanken ziehen genau die Dinge in dein Leben, die du denkst. Was denkst du jetzt? Willst du das haben? Nein? – Dann denk' jetzt etwas anderes.

Ralf T. Hoffmann

10. August

Das, was die Massen denken, wird zur Wahrheit.

*Was denkst du gerade? Egal zu welchem Thema. Denkst du
Gedanken der Masse oder deine eigenen.*

Ewald Schober

11. August

Die meisten Menschen tun erst etwas, wenn es von der
Gesellschaft anerkannt ist. Wie steht es mit dir? Tust du etwas
aus deiner eigenen Intuition heraus?

Ralf T. Hoffmann

12. August

Der Verstand ist eine reine PR-Aktion des Unterbewusstseins,
damit wir glauben, etwas mitentscheiden zu können.

*Was ist mit dir? Entscheidest du selbst; aus deine Freude? Mit
dem Kopf? Oder aus dem Bauch heraus?*

Ewald Schober

13. August

Erst wenn Vergangenheit und Zukunft behandelt und klar sind,
kannst du frei in der Gegenwart leben.

Ewald Schober

14. August

Alles, was du in deinem Leben glaubst, wird in deiner Wahrnehmung bestätigt. Somit ist alles, was du glaubst, für *DICH* richtig. Aber an was glaubst du? Was soll dir eine negative Wahrnehmung bringen? Und glaubst du es wirklich? Gibt es vielleicht noch einen anderen Weg? Eine andere Betrachtungsweise? Wo willst du hin? Was willst *DU* wirklich wahrnehmen?

Ralf T. Hoffmann

15. August

Deine Gefühle in der Gegenwart, also im Jetzt, werden kopiert und projiziert in die Zukunft. Achte heute mal genau darauf, was du fühlst und ob das, was du fühlst, richtig ist.

Ralf T. Hoffmann

16. August

Wenn du wüsstest, wir mächtig du wirklich bist, dann würdest du vor Ehrfurcht erstarren. Glaube an dich und deine Macht.

Ewald Schober

17. August

Bisher bist du der Welt gefolgt. Nun ist es Zeit, dass die Welt dir folgt.

Ewald Schober

18. August

Ab jetzt, ab heute, tue nur noch Dinge, die die Menschen begeistern. Und dann schau, was mit dir und in deiner Umgebung passiert.

Ralf T. Hoffmann

19. August

Du bist gesund und lebensfroh? Dann ruf es aus und ruf laut:

„GO!"

Ralf T. Hoffmann

20. August

Was muss anders werden, damit du glücklicher bist? Dann leg los und handle.

Ralf T. Hoffmann

21. August

In diesem Leben hast du keinen anderen Körper. Gib auf ihn Acht. Schenke ihm Aufmerksamkeit. Behandle ihn gut. Er wird es dir danken. Er wird für dich gesund sein. Er wird dir Kraft geben und er wird schön für dich sein.

Ralf T. Hoffmann

22. August

We seal our fate with the
choices we make. But don't
give a second thought
To the chances we take
Could come up anytime
Better we be wide awake
'cause we seal our fate with
the choices we make

Wir besiegeln unser Schicksal
mit den Entscheidungen die
wir treffen, aber denk' nicht
über die Risiken nach, denn
es könnte jederzeit passieren.
Besser, dass wir hellwach
sind, weil wir unser Schicksal
mit den Entscheidungen
besiegeln, die wir treffen

Seal our Fate, Gloria Estefan

Bedenke:
Jede Entscheidung, die du triffst, hat Einfluss auf deine
Gegenwart, deine Vergangenheit und deine Zukunft. Überlege dir
immer gut, was du tust, denn es beeinflusst immer dein Leben.

Ralf T. Hoffmann

23. August

Platz zum Malen.
Wie heißt das nochmal, was man malen soll, um die innere Entwicklung
bildhaft darzustellen? Mandala? Mandela? Manolo? Egal. Setz dich
einfach heute hin und male etwas. Es wird dir gut tun.

24. August

Lebe in der Gegenwart. Jetzt.

Ralf T. Hoffmann

25. August

Glück zieht immer noch mehr Glück an, wie ein Magnet.

Sylvia Plath

26. August

Deine Seele hat die Farbe deiner Gedanken.

Marc Aurel

27. August

Ich glaube an dich. Ja – an dich. Also kannst du es auch. Glaube an dich.

Ralf T. Hoffmann

28. August

Vergiss ab heute dein eigenes ICH – Dein EGO, indem du versuchst, ein bisschen Glück in das Leben anderer zu bringen. Wenn du gut zu anderen bist, dann bist du am besten zu dir selbst.

nach Dale Carnegie

29. August

Achte heute mal auf deine Ernährung. Ist alles frisch und gesund, was du zu dir nimmst?

Ralf T. Hoffmann

30. August

Mach dein Ding. Egal, was die Anderen sagen.

nach Udo Lindenberg

31. August

Als ich eines Tages wie immer traurig durch den Park schlenderte und mich auf einer Parkbank niederließ, um über alles nachzudenken, was in meinem Leben schief läuft, setzte sich ein fröhliches kleines Mädchen zu mir.

Sie spürte meine Stimmung und fragte:
„Warum bist du so traurig?"
„Ach", sagte ich, „ich habe keine Freude im Leben. Alle sind gegen mich. Alles läuft schief. Ich habe kein Glück und ich weiß nicht, wie es weitergehen soll."
„Hmmm", meinte das Mädchen. „Wo hast du denn dein rotes Strümpfchen? Zeig es mir mal. Ich möchte da mal hineinschauen."
„Was für ein rotes Strümpfchen?", fragte ich sie verwundert. „Ich habe nur ein schwarzes Strümpfchen."
Wortlos reichte ich es ihr.
Vorsichtig öffnet sie mit ihren zarten kleinen Fingern den Verschluss und sah in mein schwarzes Strümpfchen hinein. Ich bemerkte, wie sie erschrak.
„Es ist ja voller Alpträume, voller Unglück und voller schlimmer Erlebnisse!"
„Was soll ich machen? Es ist eben so. Daran kann ich doch nichts ändern."

„Hier, nimm", meinte das Mädchen und reichte mir ein rotes Strümpfchen. „Sieh hinein!"
Mit etwas zitternden Händen öffnete ich das rote Strümpfchen und konnte sehen, dass es voll war mit Erinnerungen an schöne Momente des Lebens. Und das, obwohl das Mädchen noch jung an Menschenjahren war!

„Wo ist dein schwarzes Strümpfchen?", fragte ich neugierig.
„Das werfe ich jede Woche in den Müll und kümmere mich nicht weiter darum", sagte sie. „Für mich besteht der Sinn des Lebens darin, mein rotes Strümpfchen im Laufe des Lebens voll zu bekommen. Da stopfe ich so viel wie möglich hinein. Und immer, wenn ich Lust dazu habe oder ich beginne, traurig zu werden,

dann öffne ich mein rotes Strümpfchen und schaue hinein. Dann geht es mir sofort besser. Wenn ich einmal alt bin und mein Ende droht, dann habe ich immer noch mein rotes Strümpfchen. Es wird voll sein bis obenhin und ich kann sagen, ja, ich hatte etwas vom Leben. Mein Leben hatte einen Sinn!"

Noch während ich verwundert über ihre Worte nachdachte, gab sie mir einen Kuss auf die Wange und war verschwunden. Neben mir auf der Bank lag ein rotes Strümpfchen mit der Aufschrift: Für dich! Ich öffnete es zaghaft und warf einen Blick hinein. Es war fast leer, bis auf einen kleinen zärtlichen Kuss, den ich von einem kleinen Mädchen auf einer Parkbank erhalten hatte. Bei dem Gedanken daran musste ich schmunzeln und mir wurde warm ums Herz. Glücklich machte ich mich auf den Heimweg, nicht vergessend, mich am nächsten Papierkorb meines schwarzen Strümpfchens zu entledigen.

nach Anna Egger, Das rote Strümpfchen, leicht geändert

1. September

Wenn dich irgendetwas belastet, dann schreib heute einmal alles auf, was als Ursache dafür in Frage kommt. Völlig egal, was es ist. Nun steht es aufgeschrieben vor dir. Jetzt hast du schon etwas mehr Klarheit. Nun kannst du jeden einzelnen Punkt abarbeiten. Stück für Stück. Hier kannst du etwas regeln; da kannst du jemanden anrufen; dies hat noch ein paar Wochen Zeit; dafür musst du sofort eine Lösung finden. Alles lässt sich so viel schneller erledigen, sobald du es in Einzelpunkte aufgeteilt hast. Das Belastende verliert seine Kraft. Nun fällt es dir viel leichter alles zu schaffen. Das einzige, womit der menschliche Geist nicht fertig wird, ist das Ungeklärte. Fang an und schaffe Klarheit in deinem Leben.

Ralf T. Hoffmann nach Winston Churchill

2. September

Das Leben ist eine riesige Bühne, mit allen möglichen Rollen. Es gibt so viele, suche dir eine aus, es ist deine Entscheidung. Deine Biographie ist noch nicht geschrieben. Du kannst alle Bibliotheken der Welt besuchen und du wirst sie, zumindest nicht vollendet, finden (falls du sie schon mal geschrieben hast). Der einzige Mensch, der bestimmt, wie es ausgeht, bist du ganz alleine. Du hast die Macht, indem du bestimmst, wer du bist!

Ewald Schober

3. September

Musst du noch müssen oder kannst du schon wollen, weil du frei bist zu entscheiden, was du tust?

Ralf T. Hoffmann

4. September

Lebe so, wie du dich definiert hast! Lenke deine Aufmerksamkeit auf das, was du bist und nicht darauf, was du nicht bist! Aber weil du dich neu bestimmt hast, liegt deine Aufmerksamkeit von ganz alleine in der Bestätigung.

Ewald Schober

5. September

Viele Probleme im zwischenmenschlichen Bereich, z. B. in der Beziehung, am Arbeitsplatz, auch in der Politik, könnten gelöst werden, wenn der Mensch erkennen und verstehen würde, dass der jeweils andere tatsächlich eine andere, also seine ganz persönlich Sichtweise der Dinge hat. Also seine individuelle Wirklichkeit oder auch Wahrheit lebt. Und auch, dass diese Wahrheit des anderen niemals falsch oder richtig sein kann, denn es ist immer „seine", also auch „deine" Wahrheit und Sichtweise. Respektiere die Wahrheiten und Sichtweisen der anderen und du wirst sehen, dass auch deine respektiert werden. So löst sich auch für dich Vieles einfach auf.

Ralf T. Hoffmann

6. September

Psst… - Hey – ich hab was entdeckt! Weißt du, dass du dein Leben ändern kannst, wenn du deine Einstellung änderst?!

Ralf T. Hoffmann

7. September

„Wie seltsam er doch ist, der Lauf unseres kleinen Lebens."
schrieb der kanadische Schriftsteller Stephen Leacock. Das kleine
Kind sagt: „Wenn ich ein großer Junge bin." Aber was heißt das?
Der große Junge sagt: „Wenn ich erwachsen bin." Und dann,
wenn er erwachsen ist, sagt er: „Wenn ich verheiratet bin." Doch
was ist schließlich an der Ehe schon viel dran? Seine Gedanken
ändern sich, er sagt: „Wenn ich nicht mehr arbeiten muss." Und
dann, wenn er alt geworden ist und diese Zeit gekommen ist,
blickt er zurück über das Land, das er durchwandert hat. Ein
kalter Wind scheint darüber hinweg zuwehen. Irgendwie hat er
alles verpasst und nun ist es vorbei. Das Leben, erkennen wir zu
spät, es muss gelebt werden, in jedem Augenblick des Tages und
in jeder Stunde."

Trau dich und fang an zu leben.

Aus Sorge dich nicht Lebe, Dale Carnegie

8. September

Richtige Helden entscheiden immer alleine. So wie Tarzan. Der
macht auch nicht erst 'nen Arbeitskreis und greift dann an die
Liane.

Und du? Bist du der Tarzan in deinem Leben?

nach Bernd Stromberg, Filmfigur

9. September

Wenn du heute jemanden ohne Lächeln siehst, dann gib ihm
einfach deins.

Ralf T. Hoffmann

10. September

Ich bin kein religiöser Mensch. Aber wenn es dich wirklich gibt, dann rette mich, Superman!

Wartest Du immer darauf, dass andere etwas für dich tun oder dass es schon wird; oder bist du Schöpfer in deinem Leben und handelst selber?

Homer Simpson, Filmfigur

11. September

Warten ist ein Geisteszustand. Grundsätzlich bedeutet es, dass du die Zukunft willst; du willst nicht die Gegenwart. Du willst nicht das, was du hast, du willst das, was du nicht hast. Mit jeder Art von Warten, schaffst du unbewusst einen inneren Konflikt, zwischen deinem Hier und Jetzt, wo du nicht sein willst, und der projizierten Zukunft, wo du sein willst. Das reduziert die Qualität deines Lebens gewaltig, weil du die Gegenwart verlierst.

Aber in der Gegenwart lebst du!

Eckhart Tolle

12. September

Liebe dein Leben! Und wenn du es nicht kannst, dann verändere es.

LCC

13. September

Freiheit bedeutet sein, wie ich bin, Freiheit heißt für mich Fehler machen wie 'n Kind. Und wenn's sein muss, fall ich halt hin. Doch ich steh wieder auf, Freiheit heißt, zögre nicht, sondern lauf. Wenn du weißt, was du willst, dann tu es, wenn nicht dann tust du es auch. Freiheit bedeutet frei sprechen, frei machen, frei bleiben. Mauern, die die Angst vom Versagen errichtet, einreißen, Mut haben. Freiheit bedeutet auch zu enttäuschen, sich selbst zu erfüllen anstatt die Erwartungen von anderen Leuten. Freiheit heißt auch Entscheidungen treffen. Freiheit heißt hin und wieder sich die Freiheit zu nehmen die Meinung zu wechseln. Freiheit heißt, es macht manchmal auch Sinn, dass meine Freiheit da enden muss, wo die Freiheit eines Anderen beginnt. Aber Freiheit darf niemals heißen: entsagen von unseren Rechten. Nach ihr zu leben, zu streben und frei über sie zu sprechen. Mit meinen Texten kann ich nur meinen kleinen Teil beitragen. Freiheit kann man nicht eindämmen, Freiheit muss man ausatmen.

Freiheit, was für ein großes Wort, ich hab gehört, dass du grenzenlos bist. Trotzdem kennen viele Menschen dich nicht, sie kämpfen für dich. Manche mit Reden, Schweigen und Beten, andere mit Macheten, weil andere Perspektiven fehlen. Du bist für jeden was Anderes. Umso paradoxer ist es, wenn man Politiker um dich handeln lässt. Du bist das Recht, du bist das, was jeder verdient, niemand sollte um dich bitten müssen, nirgendwo, nie. Du bist so intim und persönlich wie die innersten Wünsche und Träume, doch die verwirklichen nur wenige Leute. Manche glauben wirklich, man könnte dich kaufen, andere laufen zehntausende Kilometer durch Wüstensand, weil sie an dich glauben. Migranten lassen ihr Land zurück nur für dich, in der Hoffnung auf dich und manche finden dich trotzdem noch nicht. Manchmal opfre ich einen Teil von dir um andere zu haben und manchmal muss ich mich trennen um dich mehr zu erfahren denn du bist FREIHEIT.

Curse, Freiheit, Erster und zweiter Vers aus der Single „Freiheit"
veröffentlicht am 12. September 2008, mit Marius Müller-Westernhagen

14. September

Wenn du nicht magst, wo du gerade stehst, dann beweg dich!
Du bist kein Baum!

Ralf T. Hoffmann

15. September

Meine Freunde halten mich für einen Irren. Aber das bin ich
nicht. Ich bin nur so, wie sie gerne wären, wenn sie nicht so viel
Angst hätten.

*Bist du so wie du sein willst? Oder hast du noch Angst vor
Veränderungen? Wie willst du sein? Versuchs doch einfach Mal.*

Johnny Depp

16. September

Lass Dir von niemanden je einreden, dass Du was nicht kannst.
Auch nicht von mir. Ok? Wenn Du einen Traum hast, musst du
ihn beschützen. Wenn andere was nicht können, wollen sie dir
immer einreden, dass du es auch nicht kannst. Wenn Du was
willst, dann mach es. Basta.

Und? Machst Du's?

Will Smith, aus dem Film „Das Streben nach Glück"

17. September

Gänsehaut ist der Beweis auf emotionaler Ebene.

Wann hattest du zum letzten Mal richtig Gänsehaut und was hat dich dabei bewegt?

Jelka Haeffner

18. September

Möge die Macht mit dir sein!

Ja – *Du* bist mächtig!

Obi-Wan Kenobi (Alec Guiness) in Star Wars

19. September

Wenn du Liebe nicht bedingungslos geben und nehmen kannst, ist es keine Liebe, sondern ein Handel, in dem ständig Plus und Minus gegeneinander abgewogen werden.

Wie gehst du mit deiner Liebe um? Ist es noch ein Handel für dich?

Emma Goldman

20. September

Heute ist in Deutschland Weltkindertag!

Ich wollte nie erwachsen sein, hab' immer mich zur Wehr gesetzt.
Von außen wurd' ich hart wie Stein und doch hat man mich oft
verletzt.

Irgendwo tief in mir bin ich ein Kind geblieben. Erst dann, wenn
ich's nicht mehr spüren kann, weiß ich, es ist für mich zu spät,
zu spät, zu spät.

Unten auf dem Meeresgrund, wo alles Leben ewig schweigt
kann ich noch meine Träume seh'n, wie Luft, die aus der Tiefe
steigt.

Irgendwo tief in mir bin ich ein Kind geblieben. Erst dann, wenn
ich's nicht mehr spüren kann, weiß ich, es ist für mich zu spät,
zu spät, zu spät.

Ich gleite durch die Dunkelheit und warte auf das Morgenlicht.
Dann spiel' ich mit dem Sonnenstrahl, der silbern sich im Wasser
bricht.

Irgendwo tief in mir bin ich ein Kind geblieben. Erst dann, wenn
ich's nicht mehr spüren kann, weiß ich, es ist für mich zu spät,
zu spät, zu spät.

Ich wollte nie erwachsen sein / Nessaja, Peter Maffay

21. September

Es gibt keinen Grund zurückzuschauen. Das Allerbeste liegt vor
dir. Schau nach vorne.

Ralf T. Hoffmann

22. September

Eins kann dir keiner nehmen und das ist die pure Lust am Leben.

nach Geier Sturzflug, „Die pure Lust am Leben"

23. September

Hast du Humor? Wie gefällt dir das:
Fall 'n vom Baum die ersten Blätter, werden Enten, Gänse fetter.

Ralf T. Hoffmann

24. September

Brenne für dein Tun, brenne für dein Handeln, dann wird sich auch für dich, alles sehr schnell wandeln.

Ralf T. Hoffmann

25. September

Werte machen das Leben wertvoll.

Was ist für dich wertvoll? Welche Werte hast du?

Anselm Grün

26. September

Was haben andere Menschen davon, dass es *DICH* gibt?

nach Karl Pilsl

27. September

Gesagt ist nicht gehört, gehört ist nicht verstanden, verstanden ist nicht einverstanden, einverstanden ist nicht getan, getan ist nicht richtig getan.

Achte heute mal genau darauf, was du sagst und wie du es sagst. Und auch darauf, wie es bei deinem Gegenüber ankommt.

Konrad Lorenz

28. September

Vergleiche dich nie mit anderen Menschen, denn du bist einzigartig. Du bist genauso, wie du gerade bist, gut so.

Ralf T. Hoffmann

29. September

Sage mir, mit wem du gehst, und ich sage dir, wer du bist.

Was so viel heißt wie: Zeige mir deine Freunde und ich sage dir, wer du bist. 80% des Erfolges eines Menschen ist auf sein Umfeld zurückzuführen. Wie ist dein Umfeld? Passt es zu deinem Vorhaben, deinem Ziel?

Johann Wolfgang von Goethe

30. September

Eines Tages nahm ein Mann seinen Sohn mit in ländliches Gebiet, um ihm zu zeigen, wie arme Leute leben. Vater und Sohn verbrachten einen Tag und eine Nacht auf einer Farm einer sehr armen Familie.

Als sie wieder zurückkehrten, fragte der Vater seinen Sohn: "Wie war dieser Ausflug?"
"Sehr interessant!" antwortete der Sohn.
"Und hast du gesehen, wie arm Menschen sein können?"
"Oh ja, Vater, das habe ich gesehen."
"Was hast du also heute gelernt?" fragte der Vater.

Und der Sohn antwortete: "Ich habe gesehen, dass wir einen Hund haben und die Leute auf der Farm haben vier. Wir haben einen Swimmingpool, der bis zur Mitte unseres Gartens reicht, und sie haben einen See, der gar nicht mehr aufhört. Wir haben prächtige Lampen in unserem Garten und sie haben die Sterne. Unsere Terrasse reicht bis zum Vorgarten und sie haben den ganzen Horizont."

Der Vater war sprachlos.

Und der Sohn fügte noch hinzu: "Danke Vater, dass du mir gezeigt hast, wie arm wir sind."

Dr. Philip E. Humbert,
The Innovative Professional's Letter, frei übersetzt und leicht geändert

1. Oktober

Mach heute einfach mal einen schönen Herbstspaziergang.
Genieße die Natur. Sei Eins mit ihr. Es wird dir gut tun.

Ralf T. Hoffmann

2. Oktober

Einen natürlichen Tod vorausgesetzt – was möchtest du auf
deinem Sterbebett erzählen? Von deinen unerfüllten Träumen
oder von traumhaften Erinnerungen?

Ralf T. Hoffmann

3. Oktober

Das Leben ist Begeisterung. Wofür kannst du dich am meisten
begeistern? Dann los! Tu es! Tu es jetzt!

Ralf T. Hoffmann

4. Oktober

Du kannst die Vergangenheit nicht ändern. Aber du kannst sie
annehmen und aus ihr lernen. Wenn du in der Gegenwart
ähnliche Situationen erlebst, kannst du dich anders verhalten.
Somit wird deine Gegenwart glücklicher und auch deine Zukunft.

Ralf T. Hoffmann

5. Oktober

Wie du lebst, hängt von deinen Handlungen ab. Wie du besser lebst, hängt davon ab, ob und wie du deine vorgeburtliche Lebensvision in die Tat umsetzt.

Ralf T. Hoffmann

6. Oktober

Wenn du willst, dass die Zukunft besser wird als die Gegenwart, ist es höchste Zeit in der Gegenwart besser zu leben.

Ralf T. Hoffmann

7. Oktober

Ich bin nicht in der Lage, mein Auto zu reparieren. Obwohl ich Charaktere spiele, die das können.

Wie stets mit dir? Bist du immer authentisch oder spielst du anderen etwas vor?

Kevin Costner

8. Oktober

Beständige Freundschaften im Leben sind wichtig, weil man auch mal jemanden braucht, der einen stark macht und einem die Melodie seines Herzens vorspielt, wenn man sie mal vergessen hat.

Melina Garrido

9. Oktober

Glück ist, was du daraus machst.

Ralf T. Hoffmann

10. Oktober

DU darfst im Leben Fehlschläge akzeptieren, aber niemals die Hoffnung aufgeben.

nach Martin Luther King

11. Oktober

Stell dich gerade hin. Kopf hoch. Brust raus. Und lache. Kannst du so spontan nicht?! – Dann stell dir jetzt einfach mal vor, wie deine Nachbarin von Gegenüber nur mit einem knappen Bikini bekleidet in einem französischen Nachtclub an der Stange turnt. – Na siehste, geht doch.

Ralf T. Hoffmann

12. Oktober

Und plötzlich spürst du, dass es Zeit ist, etwas Neues zu beginnen. Wenn es sich gut anfühlt, dann tu es einfach. Tu es jetzt. Vertraue auf das Momentum der Intuition. Lass das Alte hinter dir. Gehe den Weg, den du spürst gehen zu wollen.

Ralf T. Hoffmann

13. Oktober

Nichts muss weiter so sein, nur weil es immer so gewesen ist
oder weil man es immer so gemacht hat. Lebe Veränderung.

Ralf T. Hoffmann

14. Oktober

Die Dinge sind NIE so, wie sie sind. Es kommt immer darauf an,
was du aus ihnen machst. Denk daran, denn DU bist Schöpfer
und hast es immer in der Hand, wenigstens ein kleines bisschen
die Richtung zu bestimmen.

Ralf T. Hoffmann

15. Oktober

Warte nicht immer, bis sich eine Tür öffnet. Wenn du einen Stein
hast, kannst du auch mal ein Fenster einwerfen um weiter zu
kommen.

Ralf T. Hoffmann

16. Oktober

Nutze die Zeit zu leben. Denn wenn du es nicht machst, vergeht
sie trotzdem.

LCC

17. Oktober

Überlege heute mal, was alles einzigartig ist an dir. Schreibe es auf, trage den Zettel immer mit dir und schau von Zeit zu Zeit drauf. Du wirst dich dann sofort besser fühlen.

Ralf T. Hoffmann

18. Oktober

Wer nicht will, findet Gründe. Wer will, findet Wege.

Schau genau hin. Auch heute gibt es für eine bestimmte Sache einen Weg. Und du wirst ihn finden. Schau genau hin.

Verfasser unbekannt.

19. Oktober

Manchmal haut dir das Leben völlig unerwartet die Notbremse rein und zwingt dich zur Pause. Nimm dir in diesem Moment die Zeit und achte darauf, was gerade nicht richtig läuft, ja, was du verändern könntest in deinem Leben. Denke genau darüber nach. Dann ändere deinen Weg, deine Richtung. Und du kommst da an, wo du eigentlich hin wolltest.

Ralf T. Hoffmann

20. Oktober

Ändere ab heute deine Einstellung und mach dir weniger Sorgen und du verspürst mehr Freude im Leben.

Ralf T. Hoffmann

21. Oktober

Der ideale Mensch wäre natürlich ein Mensch, der über unabsichtliche Beleidigungen großzügig hinwegsieht und generell nicht allzu schnell eingeschnappt ist.

Was für ein Mensch bist du? Bist du schon ideal?

Harald Martenstein

22. Oktober

It's only Rock'n Roll, but I like it.

Na? Ist dein Leben ein Trauermarsch oder Rock'n Roll? Kommst du aus der Freude? Hast du Spaß? Na dann los. Zeig es heute ganz besonders.

The Rolling Stones

23. Oktober

Es kann nur Einen geben!

Kann es das wirklich? Oder bist DU einfach nur einzigartig?

Connor MacLeod (Christopher Lambert) in Highlander

24. Oktober

Es gab einen Tag in meinem Leben, an dem ich es leid war mich
zu verstecken, davonzulaufen und mich zu verstellen. Und das
war der Tag, an dem ich das Schloss vor meinem Spielplatz
aufgebrochen und damit begonnen habe, ihn wieder
aufzubauen.

*Wann beginnst du deinen eigenen inneren Spielplatz wieder
aufzubauen? Wann beginnst du, wieder die Dinge zu tun, die dir
wirklich Spaß machen? Komm, steh auf und tue es heute! Heute
ist DEIN Tag!*

John P. Strelecky

25. Oktober

Genau genommen leben sehr wenige Menschen in der
Gegenwart. Die meisten bereiten sich darauf vor demnächst zu
leben.

Wann lebst du?

Fey Sunshine

26. Oktober

Lass deine Ohren nicht glauben, was deine Augen nicht gesehen
haben. Und lass deinen Mund nicht sagen, was dein Herz nicht
fühlt.

Verfasser unbekannt

27. Oktober

Wenn du fliegen willst, dann lass los, was dich nach unten zieht.

Bist du startklar oder noch fest verschraubt?

Verfasser unbekannt

28. Oktober

Glaube nicht alles, was du denkst. Aber gib Acht, was du denkst. Denn Gedanken verändern dein Leben.

Ralf T. Hoffmann

29. Oktober

Es gibt viele Wege zum Glück. Einer davon ist, aufhören zu jammern.

Buddhistische Lebensweisheit

30. Oktober

Wenn du davon träumst, dass du erlöst oder gerettet wirst, dann kannst du sicher noch lange warten. Was du brauchst, ist nur ein bisschen Wissen über deine eigenen inneren Kräfte und wie du sie aktivierst.
www.lcc-seminare.de
Und dein Leben wird sich nachhaltig positiv verändern.

Ralf T. Hoffmann

31. Oktober

In der Hauptstadt seines Landes lebte ein guter und gerechter König. Oft verkleidete er sich und ging unerkannt durch die Straßen, um zu erfahren, wie es um sein Volk stand.

Eines Abends geht er vor die Tore der Stadt. Er sieht aus einer Hütte einen Lichtschein fallen und erkennt durch das Fenster: Ein Mann sitzt allein an seinem zur Mahlzeit bereiteten Tisch und ist gerade dabei, den Lobpreis zu Gott über das Mahl zu singen. Als er geendet hat, klopft der König an der Tür: "Darf ein Gast eintreten?" „Gerne", sagt der Mann, "komm, mein Mahl reicht für uns beide!" Während des Mahles sprechen die beiden über dieses und jenes. Der König - unerkannt - fragt: „Wovon lebst du? Was ist dein Gewerbe?" „Ich bin Flickschuster", antwortete der Mann. „Jeden Morgen gehe ich mit meinem Handwerkskasten durch die Stadt und die Leute bringen mir ihre Schuhe zum Flicken auf die Straße".

Der König: „Und was wird morgen sein, wenn du keine Arbeit bekommst?" „Morgen?", sagt der Flickschuster, „Morgen? Gott sei gepriesen Tag um Tag!"

Als der Flickschuster am anderen Tag in die Stadt geht, sieht er überall angeschlagen: Befehl des Königs! In dieser Woche ist auf den Straßen meiner Stadt jede Flickschusterei verboten! Sonderbar, denkt der Schuster. Was doch die Könige für seltsame Einfälle haben! Nun, dann werde ich heute Wasser tragen; Wasser brauchen die Leute jeden Tag.

Am Abend hat er so viel verdient, dass es für beide zur Mahlzeit reichte. Der König, wieder zu Gast, sagt: „Ich hatte schon Sorge um dich, als ich die Anschläge des Königs las. Wie hast Du dennoch Geld verdienen können?" Der Schuster erzählt von seiner Idee Wasser für jedermann zu holen und zu tragen der ihn dafür entlohnen konnte. Der König: „Und was wird morgen sein, wenn du keine Arbeit findest?" „Morgen? Gott sei gepriesen Tag um Tag!"

Als der Schuster am anderen Tag in die Stadt geht, um wieder Wasser zu tragen, kommen ihm Herolde entgegen, die rufen: Befehl des Königs! Wassertragen dürfen nur solche, die eine Erlaubnis des Königs haben! Sonderbar, denkt der Schuster, was doch die Könige für seltsame Einfälle haben. Nun, dann werde ich Holz zerkleinern und in die Häuser bringen. Er holte seine Axt, und am Abend hat er so viel verdient, dass das Mahl für beide bereitet ist. Und wieder fragte der König: „Und was wird morgen sein, wenn du keine Arbeit findest?" „Morgen? Gott sei gepriesen Tag um Tag!"

Am anderen Morgen kommt dem Flickschuster in der Stadt ein Trupp Soldaten entgegen. Der Hauptmann sagte: „Du hast eine Axt. Du musst heute im Palasthof des Königs Wache stehen. Hier hast du ein Schwert, lass deine Axt zu Hause!"

Nun muss der Flickschuster den ganzen Tag Wache stehen und verdient keinen Pfennig. Abends geht er zu seinem Krämer und sagt: „Heute habe ich nichts verdienen können. Aber ich habe heute Abend einen Gast. Ich gebe Dir das Schwert..." - er zog es aus der Scheide - "...als Pfand! Gib mir, was ich für das Mahl brauche." Als er nach Hause kommt, geht er zuerst in seine Werkstatt und fertigt ein Holzschwert, das genau in die Scheide passt.

Der König wundert sich, dass auch an diesem Abend wieder das Mahl bereitet ist. Der Schuster erzählt alles und zeigt dem König verschmitzt das Holzschwert. „Und was wird morgen sein, wenn der Hauptmann die Schwerter inspiziert?" „Morgen? Gott sei gepriesen Tag um Tag!"

Als der Schuster am anderen Morgen den Palasthof betritt, kommt ihm der Hauptmann entgegen, an der Hand einen gefesselten Gefangenen: „Das ist ein Mörder. Du sollst ihn hinrichten!" „Das kann ich nicht", ruft der Schuster voll Schrecken aus. „Ich kann keinen Menschen töten!" „Doch, du musst es! Es ist Befehl des Königs!" Inzwischen hat sich der Palasthof mit vielen Neugierigen gefüllt, die die Hinrichtung eines Mörders sehen wollen. Der Schuster schaut in die Augen des

Gefangenen. Ist das ein Mörder? Dann warf er sich auf die Knie und mit lauter Stimme, so dass alle ihn beten hören, ruft er: „Gott, du König des Himmels und der Erde: wenn dieser Mensch ein Mörder ist und ich ihn hinrichten soll, dann mache, dass mein Schwert aus Stahl in der Sonne blitzt! Wenn aber dieser Mensch kein Mörder ist, dann mache, dass mein Schwert aus Holz ist!"

Alle Menschen schauen atemlos zu ihm hin. Er zieht das Schwert, hält es hoch - und siehe: es ist aus Holz. Gewaltiger Jubel bricht aus. In diesem Augenblick kommt der König von der Freitreppe seines Palastes, geht geradewegs auf den Flickschuster zu, gibt sich zu erkennen, umarmt ihn und sagt: „Von heute an sollst du mein Ratgeber sein!"

Verfasser unbekannt

1. November

Wenn du ein klares Ziel hast, dann geh los. Es werden dir von unerwarteter Seite Dinge zufließen, mit denen du nie gerechnet hast. Und das beschleunigt deinen Weg.

Ralf T. Hoffmann

2. November

Hast du ein klares Ziel? Dann fang an. Denn es ist niemals so weit entfernt, wie du denkst.

Ralf T. Hoffmann

3. November

Die Dinge, die du aus deinem Inneren heraus zu tun liebst, worin deine Leidenschaft liegt, das sind die Dinge deiner Bestimmung.

Ralf T. Hoffmann

4. November

Frag dich nicht, was richtig ist, sondern frag dich, was du fühlst. Hör auf zu fragen, ob du kannst, sondern frag dich, ob du wirklich willst.

Verfasser unbekannt

5. November

Starte heute ein neues Projekt. Starte heute das Projekt *ICH*.
Denn das beste Projekt, an dem du arbeiten kannst, bist du
selbst.

Ralf T. Hoffmann

6. November

Verzeihen oder Geduld haben heißt nicht, dass man immer alles
hinnimmt, was andere einem zufügen.

Werde dir bewusst, was du dir wert bist.

Dalai Lama

7. November

Achtung:
Die Wörter BITTE – DANKE – ENTSCHULDIGUNG hinterlassen
keine bleibenden Schäden. Zu wem könntest du diese Worte
heute sagen und damit für dich und den anderen den Tag
verschönern?

Ralf T. Hoffmann

8. November

Konfuzius sagt:
生活是美好的，过的生活。

Konfuzius? Wahrheit oder Fiktion? Finde es raus.

9. November

Manchmal ist es so einfach. Nun - die Dinge sind einfach! Gehe
mit Leichtigkeit ran. Danke daran, wie einfach alles am 9.
November 1989 gewesen ist.

Ralf T. Hoffmann

10. November

Heute hast du, wie jeden Morgen, die Wahl:
Du kannst heute Abend mit deinen Träumen weiter schlafen,
oder du fängst an, sie heute umzusetzen. Entscheide dich.

Ralf T. Hoffmann

11. November

Je mehr du in der Gegenwart lebst, umso vertrauter wird dir die
Zukunft.

Ralf T. Hoffmann

12. November

Es gibt zwei Tage im Jahr, an denen du so gar nichts tun kannst:
Der eine heißt gestern, der andere heißt morgen. Also ist heute
der richtige Tag um zu lieben, zu glauben, zu handeln und vor
allem zu leben.

Ich rate dir zum Handeln. Alles andere passiert dann sowieso.

Dalai Lama

13. November

Ist das, was dich umgibt, Leben, oder stellst du dir etwas anderes vor? Hast DU den Mut zu leben? Was ist Leben für dich? Denke noch einmal daran – Du bist Schöpfer deines Lebens. Du hast jederzeit die Chance das Leben so zu ändern, das es zu dir passt.

Ralf T. Hoffmann

14. November

Etwas starten kann jeder. Es beenden können nur die Wenigsten.

Was ist mit dir? Was startest oder beendest du heute?

Verfasser unbekannt.

15. November

Glaube an deine Eingebungen. Sie weisen dir den Weg. Zweifel bremsen dich aus, Zweifel halten dich klein. Überhöre deine Zweifel und lenke deine Blicke auf deine Eingebungen, auf deine Gaben und Talente, und Wunder werden geschehen.

Verfasser unbekannt, gefunden auf Facebook

16. November

Dein jetziges Leben ist die Summe deiner bisherigen Entscheidungen. Wenn es dir nicht mehr gefällt, wenn nichts so ist, wie du es dir wünschst und sich wahrscheinlich nichts so entwickelt, wie du es dir vorstellst, dann, ja dann überlege, wo es hingehen könnte und triff einfach neue Entscheidungen.

Ralf T. Hoffmann

17. November

Du bist dort, wo deine Gedanken sind. Sieh zu, dass deine
Gedanken da sind, wo du sein möchtest.

Rabbi Nachman von Bratzlaw

18. November

Als ich anfing aus der Lust zu handeln, entdeckte ich die Freude.
Als ich anfing aus der Freude zu handeln, entdeckte ich meine
Schöpferkraft in der Gegenwart.

Markus Aegerter

19. November

Deine Zeit ist begrenzt. Vergeude sie nicht damit, das Leben
eines anderen zu leben. Lass dich nicht von Dogmen einengen –
dem Resultat des Denkens anderer. Lass den Lärm der Stimmen
anderer nicht deine innere Stimme ersticken. Das Wichtigste:
Folge deinem Herzen und deiner Intuition. Sie wissen bereits,
was du wirklich werden willst. Alles andere ist zweitrangig.

Steve Jobs (leicht verändert)

20. November

Willst du heute glücklich sein? Dann sei glücklich!

Ralf T. Hoffmann

21. November

Wenn du heute nichts tust, ja wenn du heute in deinem Leben nichts veränderst, dann lebst du morgen wie gestern. Tu was!

Ralf T. Hoffmann

22. November

Sei nie zu Feige etwas zu tun, was dein Leben verändern würde, denn es könnte deine größte Chance sein.

Ralf T. Hoffmann

23. November

In jedem Moment, in dem du *denkst*, erschaffst du deine eigene Realität. In jedem Moment, in dem du *fühlst*, erschaffst du deine eigene Realität. In jedem Moment, in dem du *sprichst*, erschaffst du deine eigene Realität. In jedem Moment, in dem du *handelst*, erschaffst du deine eigene Realität. Bringst du diese vier Mächte, also Denken, Sprechen, Fühlen und Handeln in eine Richtung, dann, ja dann, erschaffst du eine fantastische Gegenwart.

Ralf T. Hoffmann

24. November

Alles, was du dir wünschst, befindet sich auf der anderen Seite deines Mutes und deiner Bereitschaft zur Veränderung.

Ralf T. Hoffmann

25. November

Wer willst du sein? Als *WER* willst du wahrgenommen werden?

Wenn du nicht weißt, wer du bist oder als wer du wahrgenommen werden willst, dann erzählen dir andere, wer du bist. Schaffe dir eine klare Vorstellung von deinen wirklichen Zielen.

Ueli Gertsch

26. November

Habe ab jetzt den Mut, zu der Person zu werden, die du schon immer sein wolltest.

Ralf T. Hoffmann

27. November

Nimm dir Zeit für dich. Geh spazieren oder genieße einfach mal die Ruhe. Nur so hast du die Möglichkeit herauszufinden, wer du bist und was du wirklich willst.

Ralf T. Hoffmann

28. November

Solltest du hin und wieder das Gefühl haben: Das kann noch nicht alles gewesen sein! – Dann war es das auch noch nicht. Denke an deine Ziele und Wünsche und du weißt wieder, wo du langlaufen musst.

Ralf T. Hoffmann

29. November

Deine Wahrnehmung, deine Sichtweisen und dein Handeln
richten sich immer nach deinen Erwartungen. Was erwartest du?
Was soll in deinem Leben als nächstes geschehen?

Ralf T. Hoffmann

30. November

Zwei reisende Engel machten Halt, um die Nacht im Hause einer wohlhabenden Familie zu verbringen. Die Familie war unhöflich und verweigerte den Engeln im Gästezimmer des Haupthauses auszuruhen.

Stattdessen bekamen sie einen kleinen Platz im kalten Keller. Als sie sich auf dem harten Boden ausstreckten, sah der ältere Engel ein Loch in der Wand und reparierte es. Als der jüngere Engel fragte, warum, antwortete der ältere Engel: „Die Dinge sind nicht immer das, was sie zu sein scheinen."

In der nächsten Nacht rasteten die beiden im Haus eines sehr armen, aber gastfreundlichen Bauern und seiner Frau. Nachdem sie das wenige Essen, das sie hatten, mit ihnen geteilt hatten, ließen sie die Engel in ihrem Bett schlafen, wo sie gut schliefen. Als die Sonne am nächsten Tag den Himmel erklomm, fanden die Engel den Bauern und seine Frau in Tränen. Ihre einzige Kuh, deren Milch ihr einziges Einkommen gewesen war, lag tot auf dem Feld. Der jüngere Engel wurde wütend und fragte den älteren Engel, wie er das habe geschehen lassen können?

„Der erste Mann hatte alles, trotzdem halfst du ihm", meinte er anklagend. „Die zweite Familie hatte wenig, und du ließt die Kuh sterben." „Die Dinge sind nicht immer das, was sie zu sein scheinen", sagte der ältere Engel. „Als wir im kalten Keller des Haupthauses ruhten, bemerkte ich, dass Gold in diesem Loch in der Wand steckte. Weil der Eigentümer so von Gier besessen war und sein glückliches Schicksal nicht teilen wollte, versiegelte ich die Wand, sodass er es nicht finden konnte. Als wir dann in der letzten Nacht im Bett des Bauern schliefen, kam der Engel des Todes, um seine Frau zu holen. Ich gab ihm die Kuh stattdessen. Die Dinge sind nicht immer das, was sie zu sein scheinen."

Manchmal ist das genau das, was passiert, wenn die Dinge sich nicht als das entpuppen, was sie sollten. Wenn du Vertrauen hast, musst du dich bloß darauf verlassen, dass jedes Ergebnis zu deinem Vorteil ist. Du magst es nicht bemerken, bevor ein bisschen Zeit vergangen ist...

Verfasser unbekannt

1.   Dezember

Je besser du etwas kannst, umso weniger ist dir bewusst, dass du es kannst. Schreib heute eine Liste mit all den Dingen, die du besonders gut kannst. Lass nichts aus und du wirst merken, dass die Liste sehr lang wird. Was bist du für ein toller Mensch!

Ralf T. Hoffmann

2.   Dezember

Es ist nie zu spät für die Dinge, die einem Spaß machen.
Was macht dir Spaß?

Ralf T. Hoffmann

3.   Dezember

Wenn du heute im Lotto gewinnen würdest, würdest du dann weiter deinem Job nachgehen? Wenn nicht, dann solltest du dringend in deinem Leben etwas ändern. Was würdest du gerne tun? Dann los. Fange an, dir so viele Informationen wie möglich zu beschaffen und dann mach es einfach.

Ralf T. Hoffmann

4.   Dezember

Du hast eine Aufgabe zu erfüllen. Du magst tun, was du willst, magst hunderte von Plänen verwirklichen, magst ohne Unterbrechung tätig sein – wenn du aber diese eine Aufgabe nicht erfüllst, wird alle deine Zeit vergeudet sein.

Dschalal ad-Din Muhammad Rumi

5. Dezember

Wenn du dich wirklich entschieden hast, etwas in deinem Leben
zu verändern, dann überwindest du alle Hindernisse. Dann
werden dir Menschen begegnen, die dich begleiten und andere
werden zurückbleiben. Auf diesem Wege folgst du deiner Seele
und deinem Herzen.

Ralf T. Hoffmann

6. Dezember

Nikolaus, Nikolaus, guter Mann,
klopf' an meine Türe an.
Schenk mir Kraft und Energie,
denn das hatt' ich vorher nie.

Gib mir eine Lebenskarte,
damit ich nicht auf Ziele warte.
Willst mir auch Mut und Weisheit geben,
denn ich bin Schöpfer für mein Leben.

Ralf T. Hoffmann

7. Dezember

Wenn du dich manchmal fragst, was andere von dir denken,
dann erinnere dich daran, dass die meisten davon ja gar nicht
denken. Also kannst du völlig entspannt bleiben und deinen Weg
gehen.

Ralf T. Hoffmann

8. Dezember

Wunder erleben nur diejenigen, die an Wunder glauben.

Wie ist es mit dir? Glaubst du an Wunder? Welches Wunder hast du zuletzt erlebt?

Erich Kästner

9. Dezember

Frage dich nicht, was die Welt braucht. Frage dich, was dich lebendig werden lässt und dann geh los und tue es. Denn was die Welt braucht, sind Menschen, die lebendig sind.

Harold Whitman

10. Dezember

Die Dinge, die zum Erfolg führen, hast du alle in dir.

Ewald Schober

11. Dezember

Es ist nicht entscheidend, was du bist, was du hast oder was du tust, sondern wie du dich dabei fühlst.

Dein Gefühlszustand ist dein Zustand. Fühl dich heute einfach saugut.

Ewald Schober

12. Dezember

Du bist Schöpfer in deinem Leben. Geh deinen Weg. Sei immer du selbst und vor allen Dingen entschuldige dich nie dafür, du selbst zu sein.

Ralf T. Hoffmann

13. Dezember

Du besitzt die Kraft, alles zu verändern, indem du eine wahre Entscheidung triffst.

Entscheide dich heute für etwas.

Ewald Schober

14. Dezember

Was uns zurückhält im Leben, ist Angst. Was uns befreit, ist Mut.

Sei heute mal besonders mutig.

Ewald Schober

15. Dezember

Nicht was du sagst, sondern wie du es sagst, macht den Unterschied.

Achte heute einmal auf die Art und Weise deines Sprechens.

Ewald Schober

16. Dezember

Egal, ob du glaubst, dass du etwas kannst oder nicht; du wirst immer Recht behalten.

Ewald Schober

17. Dezember

Erwarte Wunder, denn du bist ein Wunder.

Ewald Schober

18. Dezember

Ente oder Adler? Was bist du?
Ein Adler trifft immer seine Entscheidungen.

Ewald Schober

19. Dezember

Folge im Leben deiner Vision oder schließ dich einer großen Vision an.

Ewald Schober

20. Dezember

Um den Himmel auf Erden zu haben, musst du einfach nur deiner Vision folgen und Geduld haben.

Ralf T. Hoffmann

21. Dezember

Die Qualität deines Lebens wird bestimmt durch die Qualität deiner Glaubenssätze.

Überprüf heute mal, ob alles, was du so glaubst, wirklich richtig ist und ob es die richtige Lebensphilosophie ist. Das, was sich nicht gut anfühlt, ändere.

Ewald Schober

22. Dezember

Lebst du das Leben, oder lebt das Leben dich?
Wenn das Leben dich lebt, dann werde noch heute zum Schöpfer und gestalte aktiv dein Leben, deine eigene Realität.

Ralf T. Hoffmann

23. Dezember

Bald ist das Jahr wieder vorbei. Geh mal auf Entscheidungsreise zu dir selbst und frag dich, was kannst du im alten Jahr noch ändern, ja was kannst du noch auf den Weg bringen. Mach dir Gedanken, worauf du wirklich im Leben Lust hast. Und dann fang an es endlich zu leben.

Ralf T. Hoffmann

24. Dezember

Heiliger Abend.
Heute ist Tag der Stille.

Ralf T. Hoffmann

25. Dezember

An Weihnachten geht es nicht darum, was du bekommst, sondern was du gibst. Übrigens: Nicht nur an Weihnachten.

Ralf T. Hoffmann

26. Dezember

Denke daran, dass etwas, was du nicht bekommst, manchmal eine wunderbare Fügung des Schicksals sein kann.

Dalai Lama

27. Dezember

Ein Freund ist jemand, der dir völlige Freiheit gibt, du selbst zu sein.

Wie ist das mit deinen Freunden?

Jim Morrison

28. Dezember

Zeit, das sich was dreht.

Herbert Grönemeyer

29. Dezember

Wir sind nicht das, was die Leute von uns erwarten oder so wie sie sich uns wünschen. Wir sind, wer wir zu sein beschlossen haben. Den anderen die Schuld zu geben ist immer einfach. Damit kannst du dein ganzes Leben zubringen, aber letztlich bist du allein für deine Erfolge oder deine Niederlagen verantwortlich.

Paulo Coelho (Aleph)

30. Dezember

Sobald du ein Ziel hast, findest du auch einen Weg. Jetzt gilt's! Nimm dir ein neues Ziel für das kommende Jahr.

Ralf T. Hoffmann

31. Dezember

Wie oft schon hörte ich dich sagen,
du würdest große Dinge wagen.

Wann glaubst du kommt der große Tag.
da endet alle Müh und Plag,

da du zu großen Taten schreitest,
und da du selbst dein Schicksal leitest?

Und wieder ging ein Jahr vorbei
Doch nie warst du, mein Freund, dabei,

wenn's galt, nun endlich zuzugreifen,
damit auch deine Früchte reifen.

Woran es liegt? Erklär es nur!
Du hattest Pech? Ach, keine Spur!

Wie immer einzig und allein, lag's nur
an dir, an dir allein.

Schau nur auf deine Hände bloß
- sie liegen schlaff in deinem Schoss.

Statt endlich, endlich doch zu handeln,
um alles in dir umzuwandeln!

Herbert Kaufmann

Dieses Jahr ist vorbei.
Das nächste beginnt.
Wieder bist du frei,
es nach deinen
Vorstellungen
zu gestalten.

Danke an:

Die Höhner, Herbert Grönemeyer, Vince Lombardi, Charlie Chaplin, Paulo Coelho, Ewald Schober, Shakti Gawain, Epikur, Douglas Adams, Musikprojekt Schiller, Buddha, Rüdiger Schache, Sören Kirkegaard, Johann Wolfgang von Goethe, Enigma/Michael Cretu, Tom Süssmann, George Bernard Shaw, Anna Depenbusch, Lee Iacocca, Marcus Aurelius, Margit Lieverz, Sokrates, Henry Ford, John Lennon, Rebecca Fox, Karl Valentin, Ueli Gertsch, Buckminster Fuller, Max Levchin, Nelson Mandela, Georg Christoph Lichtenberg, Meister Eckhart, Pestalozzi, Rudolf Dreikurs, Erasmus von Rotterdam, Neale Donald Walsch, Astrid Lindgren, LCC, Patrick Porter, Britta Kristin Beyer, Oscar Wilde, Xavier Naidoo, Heiko Albert, Peter A. Beinhorn, John Cassavetis, Walt Whitman, Robert Frost, Carl Gustav Jung, Gustav Le Bon, Matthieu Carriére, Benjamin Disraeli, Ralph Waldo Trine, Martin Buber, Gloria Estefan, Sylvia Plath, Dale Carnegie, Udo Lindenberg, Anna Egger, Winston Churchill, Bernd Stromberg, Homer Simpson, Eckhart Tolle, Curse, Johnny Depp, Will Smith, Jelka Haeffner, Obi Wan Kenobi, Emma Goldman, Peter Maffay, Geier Sturzflug, Anselm Grün, Karl Pilsl, Philip E. Humbert, Kevin Costner, Melina Garrido, Martin Luther King, Harald Martenstein, Rolling Stones, Connor MacLeod, John P. Strelecky, Fey Sunshine, Dalai Lama, Rabbi Nachman von Bratzlaw, Markus Aegerter, Steve Jobs, Dschalal ad-Din Muhammad Rumi, Erich Kästner, Harold Whitman, Jim Morrison, Herbert Kaufmann

Ist es hier zu Ende? Oder ist es ein Anfang?

Ob und wie es weiter geht, entscheidest allein du!

MIX

Papier | Fördert
gute Waldnutzung

FSC® C083411

Zeitfracht Medien GmbH
Ferdinand-Jühlke-Straße 7
99095 Erfurt, Deutschland
produktsicherheit@kolibri360.de